传承·融合·创生

非遗与大众文化探索与研究

古雅静 著

大连出版社

© 古雅静 2025

图书在版编目（CIP）数据

传承·融合·创生：非遗与大众文化探索与研究 / 古雅静著. -- 大连：大连出版社, 2025.6. -- ISBN 978-7-5505-2506-1

Ⅰ.G122

中国国家版本馆CIP数据核字第2025TC7367号

CHUANCHENG·RONGHE·CHUANGSHENG: FEIYI YU DAZHONG WENHUA TANSUO YU YANJIU

传承·融合·创生：非遗与大众文化探索与研究

出 品 人：王延生
策划编辑：王德杰
责任编辑：王德杰　刘雅君
　　　　　姜国洪　刘佩劼
封面设计：昌　珊
责任校对：郑雪楠
责任印制：刘正兴

出版发行者：大连出版社
　　　地址：大连市西岗区东北路161号
　　　邮编：116016
　　　电话：0411-83620245 / 83620573
　　　传真：0411-83610391
　　　网址：http://www.dlmpm.com
　　　邮箱：dlcbs@dlmpm.com
印 刷 者：大连金华光彩色印刷有限公司

幅面尺寸：170 mm × 240 mm
印　　张：11.75
字　　数：165千字
出版时间：2025年6月第1版
印刷时间：2025年6月第1次印刷
书　　号：ISBN 978-7-5505-2506-1
定　　价：48.00元

版权所有　侵权必究
如有印装质量问题，请与印厂联系调换。电话：0411-85809575

目录

第一部分　守护与发扬：非物质文化遗产的多样性发展

大连非遗研学旅游发展研究初探　3

从"小众"到"大众"：新媒体视域下非物质文化遗产的传承与重构　7

非物质文化遗产与旅游业的融合发展　15

"非遗+市集"文旅融合背景下的文化传承与潮流变现　22

文化交流中非物质文化遗产的保护与思考　28

复州皮影戏存续现状研究　34

方寸之间呈现古老光影艺术——复州皮影戏的当代演绎　40

珐琅光影添华彩　古韵传承展匠心——大连掐丝珐琅点螺画　48

"鼓"风"鼓"韵说唱世间百态——大连西河大鼓　52

第二部分　多元与突破：大众文化的文艺延展

群众文化多元化传播推广的发展与实践——以大连非遗传习所为例　59

群众文化与地域文化的融合发展研究　66

中华优秀传统文化与戏剧创作的融合与审思　76

传统地方戏曲的当代价值与时代精神　82

感悟六地精神，凝聚振兴力量——思政剧《光荣·梦想》的红色叙事　89

以艺术之光点亮思政之美——思政剧里的中国故事与红色精神 …………… 96

大连曲艺界的一面旗帜——王玉岭 …………………………………………… 102

城市休闲文化的文化思考 ……………………………………………………… 113

第三部分　赓续与融合：传统与现代的文旅融合之路

发挥中华优秀传统文化优势　助力文化旅游新发展 ………………………… 119

文旅融合的高质量发展：精品文艺演出与旅游地共生发展模式研究 …… 124

文旅融合视域下大连非遗研学游开发利用研究——以舞台表演类非遗

　　项目为例 …………………………………………………………………… 134

从民俗文化机体中衍生出的文旅融合之路 …………………………………… 152

"一带一路"语境下的文化旅游新业态 ……………………………………… 158

黔地纪行：贵州旅游深度考察与优势资源的文旅变奏 ……………………… 168

第一部分

守护与发扬：
非物质文化遗产的多样性发展

大连非遗研学旅游发展研究初探

非物质文化遗产（简称"非遗"）是中华优秀传统文化的重要表现形式。然而，随着时代的快速发展，人们的生活方式发生了一系列的改变，许多非物质文化遗产逐渐淡出人们的生活视线，甚至还面临消失的困境。基于此，本课题主要以大连这座城市为研究对象，分析该地非遗研学旅游发展的现状与问题，并探讨该地非遗研学旅游发展的可行性，以更好地促进非物质文化遗产的传承与经济发展相融合。

大连拥有丰富多彩的非物质文化遗产，要使其继续广泛流传下去，就必须有大量非遗传承人，而合理地开发非物质文化遗产可以促进经济发展，提高非遗传承人经济收入，从而有利于增加非遗传承人的数量。因此，非物质文化遗产的传承与经济发展息息相关，经济发展将会推动非物质文化遗产的传承和发展。

目前，文旅融合已然成为旅游发展的一个潮流趋势。在这种背景下，大连该采用什么样的文旅模式，如何有效促进非遗的传承与发扬，如何推动旅游经济的可持续发展，是值得思考的问题。首先，从文化传承的角度来看，积极探索非遗研学旅游发展，可以改变部分优秀传统文化无人传承、无人问津的窘境，是一种保护文化的方式。其次，从经济发展的角度来看，开发出特色的研学旅游产品与线路，可以吸引一定的流量，推动大连旅游经济的发展。其实，不单单是大连这座城市，全国各个城市都应该有属于当地的非遗研学旅游发展路线。与此同时，笔者也希望通过本课题的研究与讨论，能够为其他城市提供一些借鉴，优化与改进旅游产品文化内容。这也是本次课题研究的意义所在。

一、大连非遗研学旅游发展的可行性

针对大连非遗研学旅游发展的可行性，笔者初步调查后，发现大连的国家级非遗代表性项目有七种，市级非遗代表性项目有两百多种。从项目类别来看，大连的非遗还可划分为传统戏剧、传统舞蹈、民间文学、传统技艺等十种类别。由此可见，大连的非遗资源较多，潜力较大，开发价值较高，非遗研学旅游发展前景较好，具有一定的可行性与代表性。

二、大连非遗研学旅游发展面临的问题

第一，多数人对非物质文化遗产感到较为茫然与陌生。相关调查数据显示，有近七成的人是不了解非遗的，而能够亲身参与到非遗相关活动的人更是少之又少。第二，非遗项目多为单点开发，缺乏跨区域资源整合，分布较为分散，未形成串联的研学旅游路线。第三，非遗产品过于陈旧，脱离时代。本质上是传统文化基因与现代生活需求、审美趋势、技术手段的"脱节"。

三、大连非遗研学旅游发展路径

第一，挑选代表性强的非遗项目，加大对相关旅游产品的研发力度。大连拥有众多的非遗项目，可以将重心放在传统技艺、传统美术这两类项目当中。这两类项目具有典型的工艺流程，观赏性也较高，吸引力强，比较适合作为旅游产品开发的首要研究对象。首先，从传统技艺来看，可以将诸如大连老黄酒酿造技艺、大连银杏茶传统手工制作技艺等一系列的产

品制造技艺定制为旅游项目，让游客亲身参与到这些产品的制作当中，促进产品的推广与发扬，加深游客对非遗的认知度与喜爱度。其次，从传统美术来看，辽南刘氏面塑、金州指画、庄河剪纸等非遗项目热度较高，具有一定的研学价值，可以深度挖掘其中的研学热点，吸引广大群众的关注，促进非遗文化的宣传。

第二，将非遗与旅游结合，创新文旅融合项目。首先，可以开展非遗节庆式旅游，通过节庆活动来吸引群众体验非遗项目。可以加入一些非遗项目的相关要素，增加研学旅游的体验感。其次，可以将非遗项目入驻景区，这样不仅可以带给游客沉浸式体验，提升互动乐趣，还可以突出景区的文化内涵，使游客了解更多的非遗文化知识。最后，可以建立非遗展示馆，以非遗为主题，将一些具有一定代表性、观赏性、传播性的传统美术、传统技艺类的项目陈列展示，由非遗传承人现场进行传授、讲解或表演推广，并且设立制作场所，提供观光、体验、展示、售卖等服务。

第三，创造多元化的非遗产品，吸引年轻人，让非遗"潮流化"。所谓的"潮流化"，并不是抛弃传统、盲目从众，而是要通过文化的意义对非遗项目进行重组。在发掘非遗核心价值时，通过文化需求与特定场景，以通俗易懂的、具有创意的方式对非遗产品进行转化，使其成为有故事概念和实用功能的多元化新时代文创产品。另外，扩大非遗项目的受众面一定离不开年轻群体，所以在项目定制过程中，要充分考虑到这个群体，只有接轨了年轻群体，非遗"潮"起来的概率才会更大。而融入了年轻血液后，非遗项目的表达方式也会更加多元化、潮流化。

四、研究思路

本课题旨在探寻研学旅游对大连非物质文化遗产的传承与发扬会起到

什么样的促进作用，是否可以通过文旅融合模式以及相关政策的扶持，推动大连旅游经济发展与文化传承。

五、本课题的重点、难点

（一）本课题的重点

本课题聚焦大连非物质文化遗产研学旅游发展的可行性、问题与路径，核心在于挖掘大连丰富的非遗资源，探索文旅融合模式。重点包括：筛选具有观赏性和工艺价值的非遗项目，设计沉浸式研学体验产品；整合节庆活动、景区联动、非遗展示馆等复合场景，拓展非遗与研学旅游融合的路径；结合国家政策，推动非遗传承与旅游经济的协同发展。

（二）本课题的难点

一是公众对非遗的认识不足，需突破的认知盲区较多；二是城市化进程对非遗原生发展环境的冲击较大；三是如何平衡传统保护与创新转化，避免过度商业化；四是如何协调政府、非遗传承人、媒体等多方资源，形成可持续的运作机制。

六、总结

综上所述，对于非物质文化遗产而言，研学旅游是其传承与发扬的有效路径。将非物质文化遗产与研学旅游相结合，是文化与旅游的深度融合与碰撞，也是文旅融合的一种新模式。这一模式不仅能够带来显著的经济效益，更能响应国家政策、弘扬中华优秀传统文化，同时拓宽非物质文化遗产在当代的存续与发展空间，实现文化传承与经济发展的双赢。

从"小众"到"大众":
新媒体视域下非物质文化遗产的传承与重构

中国非物质文化遗产是中华优秀传统文化的重要组成部分,在社会文化、科学研究、历史文化等方面都有重要的体现。虽然我国非物质文化遗产的传承工作已经取得了很多成果,但随着全球化进程的加快和现代社会生活方式的改变,许多非物质文化遗产的生存环境受到挤压,传承群体萎缩,导致部分非物质文化遗产濒临失传。因此,在当下,更好地保护和传承这些人类文明智慧结晶具有重要的现实意义。近些年来,新媒体的迅猛发展,极大地加快了信息传播的速度,拓宽了信息传播的广度。借助新媒体平台,加大非遗传播和宣传力度,对非物质文化遗产深入人心和保护传承起到了有力的助推作用。

中国历史文化积淀深厚,在这样肥沃的文化土壤中培植出来的风俗、技艺等文化形式,承载着历代中国人的智慧,凝聚出独特的民族气质。正因为如此,非物质文化遗产被视为中国传统文化的精髓之一。

在新媒体视域下,受泛娱乐化、资讯碎片化的影响,非物质文化遗产的传承方式随之出现了相应的变化。非遗作为社会发展中的"活"的文化产业,自身存在很大的可塑性。非物质文化遗产在新媒体视域下的创造性发展既符合了人们当代的审美心态和表达方式,也体现了其文化属性表达方式的多样化和发展空间的扩大化。

一、非物质文化遗产的内涵

（一）对非遗概念的理解

时至今日，虽然非物质文化遗产这一概念在全世界范围内已经被普及，但是在相关调研中发现，仍然有部分民众对非物质文化遗产知之甚少，甚至完全不知道什么是非物质文化遗产。

按照国际定义，非物质文化遗产涉及的内容非常广泛，一切与文化遗产相关的知识、技能、表演等均在其范围之内。除此之外，还包含与上述内容相关的各种工具、艺术品以及文化场所等。非物质文化遗产可以是群体或者团体性质，也可以是个人性质。非物质文化遗产的传承并非一个周而复始的过程，每经历一个时代，文化都会被刻上时代的烙印，在这个过程中，文化可能会得到创新与发展，也有可能会面临消亡。这个发展—演变—消亡的过程，与文化传承的主体密切相关。从一定角度而言，非物质文化遗产是否能够顺利传承，与其传承人具有直接关系。人们在讨论非物质文化遗产时，往往将其理解为精神文化遗产，事实上，二者并没有直接关系。

（二）非遗的核心特征

非物质文化遗产的核心特征在于其活态性、传承性和民族性。非遗的活态性指非物质文化遗产在传承中需依托人、环境及实践活动，在动态过程中延续文化内涵与表现形式，通过口传心授、实践操作等方式不断创新发展，保持与现实生活的紧密关联和鲜活的生命力；非遗的传承性指非物质文化遗产依靠代际传递得以延续，通过口传心授、行为示范、实践参与等方式，将知识、技艺、习俗等文化要素代代相传，在传承中既保持核心文化基因的稳定性，又随时代演进适度调适，形成独特的文化传承链条与活态延续机制；非遗的民族性指非物质文化遗产是特定民族在历史发展中形成的文化标识，这个文化标识蕴含着该民族的价值观念、思维方式与审美情趣，通过语言、艺术、技艺、习俗等独特形式展现民族文化特质，彰显着各民族在自然与社会环境中独特的生存智慧和文化基因。

二、非遗发展的现状与阻碍

（一）逐步发展的现状

近年来，非遗保护工作贯彻"保护为主、抢救第一、合理利用、传承发展"的方针，保护传承工作取得显著成效，步入系统化保护的新时期。具体体现在：一方面，国家出台了一系列非遗保护传承的实施方案；另一方面，形式多样的传播方式逐步成熟，如非遗研讨会、座谈会、文化展会、传承保护活动以及中国"文化和自然遗产日"在世界各地举行的社会活动等。除此之外，关于非遗保护与非遗传承人的各种技术培训层出不穷，非遗课程、非遗专业走向大学、进入教学等，也为非遗的传播开辟了新的途径。

（二）发展中存在的问题与瓶颈

1. 保护经费不足

当前，部分地区在非物质文化遗产保护的经费上面临现实挑战。由于区域发展存在差异，各地在优先保障民生等基础领域投入的前提下，能够用于非遗保护的经费相对有限。这一现象的形成受到多重因素影响，包括保护资源的整合难度大、社会对非遗传承的认知度有待提升，以及不同地区在公共资源分配中需要兼顾多元发展需求等。特别是在经济基础较为薄弱的区域，对非遗保护的经费投入往往需要进行更精细的规划与权衡。

2. 现代化对非物质文化遗产传承的冲击

非物质文化遗产作为根植于民族文化土壤中的活态文明，始终在文化生态的变迁中实现代际传承与内生发展。然而，随着现代化进程的加速，传统农耕社会的生产生活方式发生深刻转变——土地不再是维系生计的唯一载体，大量农村人口尤其是青壮年群体离开故土，涌入城市谋生或发展，并逐渐在城市定居。这一现象直接导致传统村落的文化主体不断流失，加速了村落文化空间的衰退，使依附于地域文化生态的非物质文化遗产传承面临现实困境。

在人口迁徙潮中，掌握传统技艺的非遗传承人随流动大军散落在城市各处，原本扎根于乡土的技艺传承链条被迫中断。与此同时，现代工业生产体系凭借标准化、高效率的优势，迅速挤占了传统技艺的生存空间，致使依赖口传心授、师徒相承的手工技艺传承出现代际断层，部分地域文化内核因核心传承群体的流失而逐渐空心化，形成"人去技失、地失魂散"的传承危机。

3. 非物质文化遗产的内在传承局限

传统非物质文化遗产的传承体系，长期依赖口传心授的师徒制或家族世袭模式，这种基于人际信任的技艺传授方式，在历史长河中维系了文化基因的代际延续，但也埋下了传承隐患——封闭性的知识流动容易导致文化记忆的衰减与技艺细节的失真，使非遗传承面临断层风险与文化损耗。

非遗传承人或恪守"传内不传外""传男不传女"的祖训，仅在极小范围内挑选关门弟子。这种将技艺传承局限于特定血缘或师徒关系网络的做法，导致文化基因的社会化传播被严重束缚——技艺流通被局限于极小的人际圈层，既难以形成规模化的传承群体，也无法与现代社会的文化消费需求对接。这种基于人际依附的传承范式，从根本上制约了非遗文化的社会辐射力。因此，在当代文化生态中，打破传统传承机制的封闭性，构建适应现代传播规律的开放平台，已成为破解非遗传承困境的关键路径。

三、新媒体视域下非遗传承展现新活力

（一）打破传统壁垒，营造创意媒介

非物质文化遗产有着明显的区域特点，它的形成和蓬勃发展都与所属区域的自然、社会、人文、历史环境条件紧密联系。中华优秀传统文化中许多传统技艺、传统美术的流传都是采用面授的方法开展的，尽管这种口传心授的传承方法更精确严密，但流传区域却较小，在相当程度上制约了非物质文化遗产的蓬勃发展。在新媒体视域下，可以以多样化的媒介形态与传播渠道，拓展受众的信息接收维度。

比如，较为典型的川剧脸谱是川剧变脸艺术中很关键的一部分。新媒体平台可以利用AR（增强现实）贴纸道具，把丰富多彩的川剧脸谱作为特效模块，并通过人脸识别方式，在人模仿变脸过程之后实现脸谱的变化，从而让川剧变脸艺术得以迅速普及。这可以引发大批用户自发创造和共享"变脸"成果。与此同时，其他新媒体平台也要快速跟上传播节奏，发布针对川剧变脸的话题。新媒体视域下，创意作品因其自身趣味性与艺术感并存的优点变成大家选择共享与转载的焦点，大众在互动与共鸣中寻找各自团体的归属感，结交到越来越多志同道合的好友，推动了兴趣爱好社区的建立，创造出艺术空间，以此突破非遗的保存和推广障碍。

又如，影片《百鸟朝凤》的幕后唢呐演奏家陈力宝，在社交平台以网络直播的方式与粉丝"零距离"交流，通过介绍唢呐的基本知识、传授唢呐吹奏技艺，制作上传分享表演音频，呈现了唢呐艺术最直观的风貌。在各大网络平台展示、传授唢呐吹奏技艺，令其收获了大量的粉丝并结识了

许多唢呐爱好者,使这门传统的乐器表演在新时代重新焕发光彩。

(二)利用智能算法,增加受众黏性

在现代技术中,智能算法已经相当成熟,其通过掌握的信息,跟踪用户的历史活动,为用户进行画像,形成具有特定数据特征的信息单元,便于系统对个体进行分类、评估、预测等操作。所以,我国非物质文化遗产的传承也可利用智能算法,将创意作品上传到新媒体平台后经过细分、量化,随后根据大众的情感、态度、需求,向大众进行高效、准确的定向推荐,有效增加非物质文化遗产受众的黏性,使非物质文化遗产产生持久的关注度。如为古风爱好者推送苏绣工艺微纪录片;为科技达人推荐"非遗+元宇宙"跨界项目,实现"千人千面"的精准触达。研究者可以开发"非遗兴趣图谱"算法,根据用户参与深度生成专属"数字身份",解锁线上大师课预约、非遗文创优先购等权益,同时引入"AI虚拟传承人"即时解答疑问。如模拟古琴大师针对用户指法问题提供动态指导,提升沉浸式交互体验;也可以依托生成式 AI 算法搭建"创意工坊",辅助用户用智能工具创作非遗内容(如输入主题自动生成剪纸纹样、AI 编曲适配戏曲唱段),并通过算法将优质 UGC 内容(即用户原创内容,如方言版非遗故事、非遗主题短视频)推送至平台首页,给予流量激励与创作认证,形成"算法赋能创作—用户生产内容—内容反哺传播"的闭环,让受众在智能技术的驱动下,从文化消费者转变为主动传播者与共创者,最终构建起黏性更强、活力更足的非遗传播生态。

(三)借力新媒体平台,实现跨界融合发展

借助非遗项目独特的传统艺术资源优势,新媒体产业得到了快速发展的动力,同时,新媒体产业又增强了实体非遗项目的吸引力,让其迸发出新的活力。非遗传承人借助各大新媒体平台,利用短视频、网络直播等手段,

为非遗传承人展现和宣传非物质文化遗产创造宣传空间，有效推动非物质文化遗产的传播。

实现跨界融合发展，需以开放的思维重构文化传播范式。突破地域与时空限制，借助短视频、网络直播、元宇宙（运用数字技术构建的，由现实世界映射或超越现实世界，可与现实世界交互的虚拟世界）等新媒体形态，将非遗传统艺术转化为可互动、可参与的数字内容。例如：用VR（虚拟现实）技术还原敦煌壁画临摹场景；通过在短视频平台直播展示苗族银饰锻造工艺，让静态文化遗产"动"起来。突破内容生产边界，推动非遗与影视、游戏、时尚等领域跨界融合。例如：动画《长安三万里》重现唐代盛景；游戏《王者荣耀》植入川剧变脸；品牌"盖娅传说"将汉服元素搬上国际时装周。这些案例以年轻化叙事消解传统与现代的认知隔阂。同时，文化传播需突破传播主体局限，构建"传承人+创作者+用户"的多元共创生态，鼓励"Z世代"（网络流行语，通常是指1995年至2009年出生的一代人）以短视频形式翻拍皮影戏、用AI技术修复老戏曲影像、在社交平台发起"非遗手势舞"挑战，让大众从文化接受者转变为创意生产者。通过媒介形态创新、内容边界拓展与传播模式重构，传统与现代在创意媒介中实现对话，文化传承从单向输出转向多维互动，最终形成"传统为根、创意为魂、媒介为器"的新型传播生态，让古老文明在数字时代焕发新生机。

我国的非物质文化遗产利用新媒介模式不断兴起"非遗热"，多种形式的探索活动为非遗的活态传播开创了新的局面。但是，非遗由传统文化沉淀而成，与新时代的科技交流产生碰撞也是在所难免的。因此，新媒体视域下非物质文化遗产的传承和传播能否抓住契机，趋利避害，仍有待进行更大的探讨和尝试。

参考文献

[1] 李琰. "非遗"文化在新媒体时代的呈现 [J]. 传媒论坛，2020(05).

[2] 王子铭. 大数据时代新媒体的发展探究 [J]. 新闻研究导刊，2020(11).

[3] 杨红. 目的·方式·方向——中国非遗保护的当代传播实践 [J]. 文化遗产，2019(6).

非物质文化遗产与旅游业的融合发展

我国的非物质文化遗产作为中华民族的文化瑰宝，是国家和民族的重要财富，是文化软实力的重要体现。我国一直以来对非物质文化遗产的保护和传承工作给予了高度的重视，并且不断地探索新的形式和方法，旨在为非物质文化遗产的保护和传承注入更加强大的内生动力。

中共中央办公厅、国务院办公厅印发的《关于进一步加强非物质文化遗产保护工作的意见》（以下简称《意见》）中也明确了非遗与旅游业要向更深更高的方向融合发展。《意见》指出："在有效保护前提下，推动非物质文化遗产与旅游业融合发展、高质量发展。深入挖掘乡村旅游消费潜力，支持利用非物质文化遗产资源发展乡村旅游等业态，以文塑旅、以旅彰文，推出一批具有鲜明非物质文化遗产特色的主题旅游路线、研学旅游产品和演艺作品。支持非物质文化遗产有机融入景区、度假区，建设非物质文化遗产特色景区。"因此，推动非遗与旅游业的全方位一体化发展，加强非遗与旅游二者内在的互生关系成为重要的研究课题。

一、打造非遗与旅游业的深度融合

非遗的多样性进一步促进了旅游业的繁荣发展，旅游作为文化的载体更加夯实了非遗保护和传承的基础，二者是相辅相成、互相促进的发展关系。非遗与旅游业的深度融合可以为双方拓宽发展渠道，并为双方注入强大的生命力，形成有效的良性互动。

目前，很多城市和地区都采取了相应的举措，使非遗手工艺品、非遗图片展、现场制作展示等简单的推广形式与旅游业有了初步的融合。某些城市的某些项目可以将非遗与旅游业较好地融合在一起。而大部分地区在非遗产品的多样化和精致度、非遗展示的丰富性和规模性、非遗项目宣传的广泛性和力度方面，以及与旅游业相结合的深度和广度上还是有很多可以提升的空间。

在坚持合理开发、可持续开发的理念之下，非物质文化遗产与旅游业之间的融合发展要做到因地而异、因类而异，既要学习借鉴某些地区成功的经验和案例，又不能盲目地模仿和照搬，要以当地的文化特质为基础，打造出适合本地区实际情况的发展之路。

二、非遗活态研学，传承与旅游并举

旅游在当下大众生活中已经成为一种常态，将非遗与旅游业相结合，势必形成一种良性发展的业态。其中，非遗的活态展示、活态研学等形式与"旅游就是一种生活体验"的理念不谋而合。这种体验式的传承和学习使非遗不只停留在文化层面，还与生活、自然有机地结合在一起，不仅能更好地推广和传承非遗项目，同时也契合了市场，产生更多的经济效益。

江西景德镇恢复传统制瓷古窑，并建成景德镇古窑民俗博览区，成为全国唯一一家以陶瓷文化为主题的国家 AAAAA 级旅游景区。景德镇古窑文旅融合项目已经成为全国非遗研学旅游的典型案例。它将景德镇烧瓷技艺等非遗项目以一种具有创造性、艺术性、趣味性、体验性的形式展示出来，将制瓷、点火、开窑等传统工序活态地呈现在大众面前。

为了让这项技艺能得到更有效的传承，并且能更有效地与旅游业相互融合，江西景德镇还专门成立了景德镇古窑文化研究院和景德镇古柴窑传承保护中心，以理论研究为基础，有组织地、扎实地、科学地发展、推进和延续这项古老技艺。同时，作为全国科普教育基地，这里开展的针对大、中、小学生的研学旅游项目和课程，为学生们认识和了解祖国的传统文化作出了卓越的贡献。

三、非遗展馆与旅游联动

2011年5月，随着占地面积约1700亩的中国首座国际非物质文化遗产博览园在四川成都落成开园，全国掀起了非物质文化遗产博物馆建设发展的热潮。之后的5年，据不完全统计，全国各地相继建成开放了3000余座非物质文化遗产博物馆（展示馆），并且以每年两位数的速度持续增加。与此同时，国家和地方非遗保护传承系列政策落地，《关于促进民办博物馆发展的意见》《关于进一步推动非国有博物馆发展的意见》等出台，极大地调动了民间资本建设非遗博物馆、农耕博物馆、民俗博物馆的热情，分布于全国各地的小型非遗博物馆数量惊人。北京、成都、苏州等地已经建立一批城市非遗展馆，既有静态的文字、图片和实物展品，又融入非遗传承人绝活展示、现场教授和非遗爱好者现场体验等载体和内容。它们除具备传统博物馆的属性外，还兼顾持续开发精品展陈、社会教育、学术讲座、主题论坛、公共互动、综合服务等功能。

四川省非物质文化遗产保护中心、山东省非物质文化遗产展示馆、南京博物院非遗馆、苏州市非物质文化遗产馆、西安市非物质文化遗产博物馆、湘西非物质文化遗产园、绍兴市非物质文化遗产馆等非遗展馆成为地区新的旅游热点，成为游客的必到之处。场馆里的非遗项目体验使来到展馆的游客感受到了非物质文化遗产的魅力。

非遗展馆可以向大众集中地展示地区的非遗项目，是传播地方历史文化的重要平台。非遗展馆与文化旅游的相互结合，形成多元化的嬗变，与旅游业形成联动机制，将实现非遗传播与旅游经济"双效统一"的目标。

四、将非遗注入旅游演出

"印象"系列大型旅游演出的成功在国内形成一股大型旅游演出的热潮。这些演出有的以大自然实景为舞台，有的在传统的舞台上呈现，结合当地的历史、文化、民俗，一时间将中国的旅游业推向了人文旅游和文化旅游的巅峰。

非物质文化遗产是地域文化的重要表现，是本地文化的沉淀和集合。非遗的传统属性似乎具有天然强大的融合力，推动非遗与旅游演出的有机结合是发展和打造旅游品牌的重要路径。

打造以非遗为主题或融入非遗元素的特色旅游演出，既能彰显地方文化底蕴，又能提升游客的观赏体验与互动参与感。

这类演出对地方传统文化资源进行开发，挖掘音乐、舞蹈、戏剧类以及技能类等非遗项目中民族历史文化的内涵，结合旅游资源和市场现状，综合舞蹈、歌曲等多种烘托艺术氛围的表现手法，充分利用声、光、电等手段强化视听效果，并通过台上与台下的互动，增强观众的参与感，激发观众兴趣，打造具有地方特色的文化盛宴，进而形成具有独特文化体验的旅游感受。

如山西为向文化大省转型而推出的旅游演出品牌项目《又见平遥》，即在特定的景区或景观空间中，运用多元艺术手段实现了旅游景观与非遗元素的紧密互动融合。它利用非遗展演模式打破传统时空边界，将秧歌、戏曲、鼓乐等放置于符合演出条件的历史遗址、古城大院、山水园林等场地，打造民歌、曲艺、戏曲等小型演艺空间，实现非遗传承与旅游效益互利共赢。

《山西日报》刊载的一篇文章中提到,《又见平遥》从2013年首次演出至2020年初,演出从562场增加到808场,观演人数从25万人次增加到67.7万人次,演出收入从3400万元增加到1.19亿元。这些数据表明,非遗与旅游演出的融合促进了平遥旅游产业加速转型升级,创造了巨大的经济效益。

五、深耕非遗节庆品牌,打造旅游新名片

非遗节庆活动,就是以非遗为主题的节日,是当地非物质文化遗产项目的集合展示。此类节庆活动形式多样、内容丰富、特色鲜明,与民俗、音乐、舞蹈、戏剧等元素交互呈现。凭借地区的文化底蕴,打造出具有影响力的非遗节庆活动,并以此作为旅游项目,可以吸引更多的游客观光学习,助推文旅融合发展,提升城市的文化软实力。

福建元宵节旅游月就是在非物质文化遗产的基础上建立起来的旅游新线路。妈祖金身绕境巡安布福是湄洲岛闹元宵的重要节目,也是人类非物质文化遗产妈祖信俗的重要组成部分,成为元宵节旅游月的一条重点推介路线。除此之外,还有很多旅游路线也都结合了当地的非物质文化遗产代表性项目,并加入研学活动的环节,令游客在旅游当中体会到了中国传统民俗文化的魅力。

六、非遗项目常驻景区

景区是非遗与旅游融合发展的重要载体,非遗项目进景区无疑是非遗与旅游结合的双赢途径。

一方面是非遗展演进景区。目前,非遗的推广传播已经在全国广泛进行,很多知名景区均可以看到当地著名的非遗项目的展示展演。例如传统

手工艺展演、民俗文化实景演出等。这种非遗驻场展演的模式既丰富了景区的文化内涵，又为非遗的广泛传播提供了更加广阔的平台。旅游强大的流动性汇集大量的游客，恰好为非遗提供了直面大众的窗口——尤其对那些濒临失传的非遗项目而言。非遗是活态的非遗，依托于人来传承的文化项目。只有走进人群，走入百姓，非物质文化遗产才能更具生命力，才能更好地传承和延续。非遗传承人在景区里进行驻扎式的展示和演出，可以让更多的人了解、认识，进而喜爱上这些优秀传统文化，为其注入新的活力。

另一方面是非遗产品进景区。购买纪念品是旅游环节中的重要项目，将非遗产品打造成旅游纪念品在景区出售，既可以增加经济效益，同时也是非遗走进千家万户较为直接和有效的途径。然而，非遗产品又不完全等同于纪念品，它在与时俱进的要求下，还要坚守内在的文化特质和精神指向。如何将非物质文化遗产的多样性、民族性转化到旅游纪念品的创作和制作当中，生产出高品质的非遗文创产品，是非遗走向旅游市场的重要课题之一。

非物质文化遗产与旅游业的深度融合，不仅为传统文化的活态传承开辟了新路径，也为文旅产业的创新发展注入了强劲动能。通过非遗展馆与旅游联动、活态研学、旅游演出、节庆品牌打造及景区常驻等多元模式，非遗从静态保护转向动态传播，从文化符号转向可体验、可参与的生活场景。景德镇古窑的技艺重现、《又见平遥》的沉浸式演出、湄洲岛妈祖信俗的节庆活动等典型案例，印证了"以文塑旅、以旅彰文"的实践价值——既激活了非遗的经济潜力，又通过旅游载体实现了文化价值的广泛触达。

这一融合模式的成功，关键在于对"保护与开发"平衡点的精准把握。非遗的活态展示让传统技艺走出作坊，融入现代生活；旅游业的流量优势则为非遗提供了传播平台与市场反馈。《又见平遥》的票房收入与观演人数持续攀升，带来了文化认同与经济效益的双重提升。然而，未来需警惕同质化竞争与过度商业化对文化本真性的侵蚀。唯有立足地方特色，强化非遗 IP 的独特性，借助科技手段创新体验形式，同时完善非遗传承人培养机制与知识产权保护体系，方能实现非遗与旅游业的可持续共生。

展望未来，非遗与旅游业的深度融合应进一步向精细化、个性化方向延伸。从研学课程的深度开发到数字化展陈的跨界应用，从非遗文创的品质升级到全域旅游的生态构建，文旅融合的每一步探索都将为传统文化注入时代活力，提供文化动力。期待这一模式在守正创新中，持续书写文化遗产与现代文明交相辉映的新篇章。

"非遗+市集"文旅融合背景下的文化传承与潮流变现

我国的非物质文化遗产是民族技艺的瑰宝，是中华优秀传统文化的重要体现。2014年9月24日，习近平主席在纪念孔子诞辰2565周年国际学术研讨会暨国际儒学联合会第五届会员大会开幕会上指出："优秀传统文化是一个国家、一个民族传承和发展的根本，如果丢掉了，就割断了精神命脉。我们要善于把弘扬优秀传统文化和发展现实文化有机统一起来，紧密结合起来，在继承中发展，在发展中继承。"党的十九大报告中提出，要"推动中华优秀传统文化创造性转化、创新性发展"。可持续性地传承和发展非物质文化遗产，使其焕发出新时代的活力和光彩，成为非遗传承发展的重要任务。随着互联网的普及和自媒体的兴起，"网红"市集逐渐成为一种新型的商业模式。这些市集以其独特的文化氛围和个性化的商品构成吸引了大量年轻消费者的关注，为非遗的传承和发扬提供了新的契机和展示平台。

一、文旅融合背景下如火如荼的市集文化

市集文化在中国有着悠久的历史，最早可追溯到古代社会的物物交换时期。它是商品交易场所、社交互动平台、文化传承载体的结合体。从形式上来说，市集从最初的自发、不固定的交换活动，慢慢发展到有固定交

易地点和交易时间的民间市场。市集文化的发展过程见证了人类经济活动的演变，也是一部生动反映社会变迁、文化传承与创新的历史长卷。

近代，随着工业革命的兴起，城市化进程加速，市集文化也迎来了新的变革。现代商业的兴起使百货公司、购物中心等类似的商业综合体应运而生并迅速发展。传统市集模式受到了极大的挑战，并一度没落。为了适应时代的变化，市集向更加专业化和特色化的方向发展。这样不仅保留了传统市集的基本形式和热闹氛围，还将文化展示、旅游体验等多种元素发展成为吸引游客的文化铭牌。

在当今文化与旅游融合的发展趋势下，市集文化得到了更多的关注和开发，成为一种新的文化现象和旅游亮点。市集作为地方文化和民俗风情的重要组成部分广受欢迎，很多游客将所见所感通过自媒体分享在网络上，使很多城市的市集迅速出名，吸引了大量的游客前来打卡和体验。这些迅速"走红"的市集被称为"网红"市集。这些"网红"市集一般都有独特的主题和特色，如创意市集、美食市集、文化市集，等等，汇集着地方文化和传统手工艺等综合元素和文化体验。

市集文化的发展不仅带动了当地旅游经济的发展，也推动了地域文化的传承和发展。在市集中，各种传统文化元素聚集到一起，得到充分的展示，为游客提供了了解和学习传统文化的机会，从而让游客更好地感受到传统文化的魅力和价值，增强了游客对城市的认同感和归属感，提升了城市形象和知名度。

二、"非遗+市集"，在氤氲烟火中赏玩传统文化

目前，市集文化如雨后春笋般不断涌现，热度持续攀升，市集的身影无处不在，给城市带来了不一样的烟火气。在市集中，非遗项目时常成为

备受瞩目的焦点,无论是传统手工艺品的展示和销售,还是非遗技艺的现场表演与教学,都吸引了大量的游客和观众驻足观看。

小市集引发大热度。当前,全国的市集类型多样,特色各异,如杭州的武林夜市,游客来市集可以体验吹糖人、制作油纸伞及纸扇等非遗类活动,还能偶遇汉服巡游、宋韵游园会等沉浸式互动体验……市集主理人表示,未来,街区还将趁节假日举办文化快闪市集。

又如苏州的双塔市集,坐落于苏州古城区中心地带。由老菜场爆改而成的双塔市集,创新地呈现了"国潮+菜场"的融合形态。走进双塔市集,年轻人可以一边买菜,一边欣赏表演,在舞台前看苏州评弹、昆曲等本地非遗演出;还可以在市集摊位之间,看古时起源于苏州的商业算法——"苏州码子"的相关科普;在这里还能体验正宗的苏州美食,早上来一块传统糕点海棠糕,中午尝一尝各式卤味,下午喝一杯苏州特有的碧螺春奶茶,晚上再品一品香醇的桂花米酒……

在北京的潘家园"非遗市集",多个摊位整齐排开,各式各样的非遗手工制品琳琅满目。摊主们纷纷拿出看家好物,为来往游客介绍其制作工艺和文化内涵。除了各种精湛的手工艺品,北京料器、北京彩灯等京城特色物件也受到游客的青睐。

浙江台州府城宋韵文化市集是最具核心竞争力的一个文旅市集。着重打造沉浸式氛围的临海台州府城宋韵文化市集,将传统文化风韵融入了摊位间。游客可以在摊位上欣赏身着宋制汉服的摊主们点茶、表演器乐、给客人上妆,或展示花酒茶衣等文艺美学,让游客既看到这座城市古老的风韵,又感受到这座城市鲜活的灵魂。

在全国市集文化热潮的带动下,大连的市集也展现出独特的魅力和活力。大连的市集文化在保留传统市集功能的基础上,更加注重挖掘和展示当地的文化特色,其中非物质文化遗产项目的参与度空前高涨。"非遗+市集"的融合发展模式,丰富了大连市民的生活,增强了外地游客的归属感和旅游体验,为大连本地非物质文化遗产的持续传承和蓬勃发展提供了重要的平台。

大连的市集主要有广场公园市集、商业街市集、历史文化街区市集等。其中有在星海广场和星海公园附近举办的离地8英寸文创市集、野果公园市集、大连星海广场花木里市集、OAS海鸥市集等;有在百年城商场、长兴里小吃街、百年港湾奥特莱斯商城内举办的新春大集"想不到乐园"、小吃市集、温暖主题市集等;有在东港圣马可广场举办的春节市集、东港后备厢市集、东港原点里街区市集等;有在东关街历史街区、南山风情街附近以及冰山慧谷工业遗址改造区内举办的文创市集和南山"不土市集"等。

漫步在各具特色的市集当中,仿佛踏入了一个五彩斑斓的文化宝库。剪纸、布老虎、贝雕饰品、皮影表演等当地非遗项目依次映入眼帘。它们不仅展现了中华传统文化的深厚底蕴,还体现了大连独特的民俗风情和艺术魅力。在热闹的市集和氤氲的烟火气中,大连的非物质文化遗产以一种时尚有趣的方式呈现在市民和游客面前。

三、古老文化的传承与潮流变现

"非遗+市集"的火热既是传统文化的"回归",也是文化创新和转化的延展。它不仅为传统文化的传承和发展提供了新的路径和平台,也为非遗传承人、地方经济和旅游业带来可观的收入和效益。

在文化多元化交织的今天,非物质文化遗产与市集的融合发展展现出前所未有的潜力和价值。非物质文化遗产蕴含着丰富的历史文化内涵和民族特色,通过市集这一平台,非遗资源可以得到深度挖掘和广泛传播。市集上的非遗展示和体验活动能够让更多人直观地感受到非遗的魅力，激发人们对传统文化的兴趣和热爱。市集作为连接消费者和生产者的桥梁，能够精准地对接市场的需求，推动非遗项目及产品的创新和优化，推动非物质文化遗产的传承和发展。

"非遗＋市集"不仅促进了文化的交流与传播，更在无形中增强了人们的文化自信和民族认同感。在市集中，人们通过观赏非遗表演，体验非遗技艺、购买非遗产品等方式，亲身感受到民族文化的魅力和价值，更加深刻地认识到民族文化的独特性和优越性，从而产生出强烈的文化自信和民族自豪感。

"非遗＋市集"在提升非遗传播力的同时，还给非遗传承人带来了可观的经济收益，带动当地经济，促进相关产业链的发展。从大连东港后备厢市集的走红，到百年港湾奥特莱斯商城内"想不到乐园"新春大集的热火朝天，从星海广场花木里市集的游人如织到冰山慧谷文创市集的人气爆棚，实践证明，"非遗＋市集"的经济模式大有可为，是古老技艺与时尚潮流的叠加变现。

"非遗＋市集"融合发展的途径离不开非遗与文创的结合，以及科技的赋能。将非遗元素融入商品设计，或将非遗项目本身以商品的形式体现，开发出独具特色的非遗纪念品、手工艺品等，打造非遗知名品牌，提升知名度，并进行相应的宣传和推广，有助于提升非遗项目和产品的影响力。

科技赋能已经是现代社会的通用手段，从虚拟现实（VR）到人工智能（AI），这些现代的科技手段可以使非遗以一种意想不到的形式呈现在人们眼前，吸引更多年轻人关注传统文化。在"非遗＋市集"这一新兴文旅场景中，借助VR的全景还原与AI的智能互动，游客可身临其境地体验非遗工艺品的制作过程、文化内涵。这种互动不仅增强了市集的文化体验深度，更推动了非遗与现代消费场景的有机融合，实现了传统文化的活态传承与创新发展。

在文旅融合的浪潮中，"非遗+市集"模式以创新的姿态架起了传统与现代的桥梁，既为非物质文化遗产注入时代活力，也为文化传承开辟了可持续发展的实践路径。通过市集这一兼具烟火气与潮流感的载体，非遗技艺从静态展示转向动态互动，从单一保护升级为活态传承。无论是苏州双塔市集的评弹与"国潮菜场"的碰撞，还是大连文创市集中贝雕与皮影的时尚演绎，非遗与市集的深度融合不仅让传统文化"看得见""摸得着"，更通过游客的沉浸式体验实现了文化价值的共情与传播。

这一模式的成功，在于以市集为流量入口，以年轻消费群体为传播节点，构建起文化认同与商业价值的良性循环：非遗传承人通过市集平台获得经济反哺，地方经济依托文化IP提升品牌竞争力，游客则在参与中完成从旁观者到文化传播者的角色转换。而科技赋能进一步拓宽了模式边界，VR、AI等技术手段的引入，让非遗突破时空限制，以更鲜活的方式触达大众。

然而，未来的发展需警惕过度商业化对文化本真性的消解。唯有坚守非遗的精神内核，平衡保护与创新的尺度，深化文旅融合的精细化运营，"非遗+市集"方能从现象级热点蜕变为可持续的文化生态。期待这一模式在守正创新中，持续书写传统文化与现代生活共鸣的新篇章。

参考文献

[1] 施惟达.文化与经济——民族文化与产业化发展[M].昆明：云南大学出版社，2011.

[2] 张朝枝，朱敏敏.文化和旅游融合：多层次关系内涵、挑战与践行路径[J].旅游学刊，2020，35(3).

文化交流中非物质文化遗产的保护与思考

全球化使各国和地区更加紧密地联系在一起，文化交流变得更为频繁和深入。数字化技术的快速发展也为文化传播提供了新的途径和工具，极大地扩展和提高了文化传播速度和范围。在这个背景下，非物质文化遗产作为一个国家或地区独特的文化资源，在文化交流的领域得到更为宽广的平台和长足的发展。

非物质文化遗产以其独特的魅力和内在价值成为文化交流的重要桥梁，它将不同的文化连接在一起，有利于建立和促进相互理解的友好关系。这些承载着民族集体记忆的文化瑰宝，无论是传统音乐舞蹈、民间工艺，还是节庆习俗，都以鲜活的形态打破语言与地域的隔阂。通过非遗展演、联合申遗等多元交流形式，各国不仅展示了文化的独特性，更在互动中深化了对人类共同价值的认知。这种以非遗为载体的交流，本质上是一场超越国界的文明对话，它消解了文化偏见，培育出尊重与包容的土壤，为构建多元共生、和谐共融的人类命运共同体注入深厚的文化动能。

一、非物质文化遗产的概念与特征

（一）非物质文化遗产的概念

在中国，非物质文化遗产是各族人民世代相传，并视为其文化遗产组成部分的各种传统文化表现形式，以及与传统文化表现形式相关的实物和场所。它可以是群体或者团体性质，也可以是个人性质。它是千千万万年以来，祖辈们扎根于一片土地凝结出的智慧、经验与文明，经百世更迭，最终成为归属于人类的共有遗产，绽放着独有的璀璨魅力。

（二）非物质文化遗产的特征

1. 独特性。通常情况下，非物质文化遗产是一个国家、地区内各族人民独一无二的智慧结晶，汇聚了各自独有的特点，富有鲜明的地域特色。独特性是非遗的重要特点，非遗所体现的思想情感、文化积淀、价值观都是难以被模仿的、独具一格的。

2. 传承性。众所周知，传承意为传播与继承，"传"是言传身教，"承"是衣钵相传。这种方式使得非物质文化遗产能够薪火相传，使得非物质文化遗产能够成为历史的、存活的、鲜明的、民族的。传承一旦终止，也就意味着一项技艺的消失。

3. 综合性。非物质文化遗产是各个时代生活的有机组成，组成的要素包括各类表现形式，如文学、舞蹈、音乐、美术、戏曲等。非物质文化遗产大都具有欣赏、娱乐、教育等多种作用及功能。此外，非物质文化遗产经常与物质文化遗产相互映衬，二者相辅相成，联结紧密。

二、非物质文化遗产跨文化交流的意义

（一）促进文化多样性和互相尊重

非物质文化遗产是各国各地区传统文化的独特表征，承载着鲜明的地域特色与民族精神。在跨文化交流的语境下，这些活态文化瑰宝成为打破文化壁垒的重要媒介——通过非遗展演、技艺互鉴、知识共享等形式，不同文化背景的群体得以跨越语言与地域的隔阂，深入感知彼此文化的内核。这种交流不仅为人们提供了多元视角，更能有效破除刻板印象与文化偏见，化解因认知差异产生的误解。当人们透过非遗的窗口，触摸到不同文化的

精妙细节与深层价值时，便能自然建立起对文化多样性的尊重与包容，进而以更开放的心态欣赏和接纳不同文明的独特魅力，推动人类文明在互学互鉴中实现共生共荣。

（二）增进国际互信与合作

非物质文化遗产作为一笔无形的文化财富，其对外传播可以在国家或地区之间建立更为密切的文化联系。这种互信与合作不仅体现在文化领域，还为政治、经济等领域的合作奠定了基础。通过文化交流，国家或地区之间能够更深入地了解彼此，建立起更加稳固的友好关系，促进国际的和平与稳定。

（三）传播本国文化价值观

非物质文化遗产的对外传播是国家传播价值观、道德标准和世界观的重要途径。通过系统展示非遗项目所承载的深厚文化内涵，能够有效增进国际社会对本国文化特质的认知与共鸣。这种文化输出不仅有助于塑造积极的国家形象，更能显著增强文化软实力，还能促进不同国家间的价值对话与交流。在文明互鉴的过程中，各国以非遗为纽带，增进理解与共识，共同推动人类共同价值的构建与发展。

（四）创造经济价值

对外交流有助于推动旅游业、创意产业等相关领域的发展。各国的非物质文化遗产作为独特的文化资源，吸引了大量国外游客前来欣赏、体验，从而带来了巨大的经济效益。例如，中国的昆曲、太极拳等非物质文化遗产吸引了大量外国游客，为当地的旅游经济注入了活力，促进了酒店、餐饮、交通等产业的繁荣。

（五）促进文化创新与发展

跨文化交流能够促进非物质文化遗产的创新与发展。与不同文化互动可以激发非遗传承者的创造力，使他们能够从其他文化中汲取灵感，为非物质文化遗产注入新的元素和创意。这有助于保持文化的活力和吸引力，使非物质文化遗产能够更好地适应现代社会的需求。

（六）加深文化教育

跨文化交流为非物质文化遗产的学习和交流提供了直接的途径，如举办国际性的非物质文化遗产展会、论坛等。通过参与此类文化活动、观看表演、学习传统技艺等方式，人们能够亲身体验其他国家和地区的文化。这种亲身经历能够深刻地影响个体对其他文化的认知，当人们了解其他文化的背景和价值观时，更容易与外界建立跨文化的友谊和合作关系。这种理解有助于消除国家之间的刻板印象、偏见和误解，为国际社会的和谐共处提供重要基础。

（七）提升国际影响力

非物质文化遗产与跨文化交流的深度融合，是提升国家文化软实力的重要途径之一。那些承载着民族特色与文化精髓的非遗艺术展演，往往成为国家文化在国际舞台上的鲜活名片。这些极具代表性的文化表达，不仅生动传递着本国的价值理念和文化特质，更以独特的艺术魅力影响乃至引领国际文化潮流。通过非遗的跨文化传播，国家能够在世界范围内提升文化影响力，为深化国际合作、促进文明对话开辟更为广阔的空间。

三、非物质文化遗产在跨文化交流中的问题

（一）文化冲突与误解

在非物质文化遗产跨文化交流中，文化冲突和误解是不可忽视的问题，可能影响文化的传播。这些问题源自不同国家和地区的文化差异，以及对其他文化认知的不足。文化差异可能引发冲突，而文化认知不足则可能导

致误解。每个国家和地区都有独特的价值观和传统，当这些差异在交流中碰撞时，可能引发文化冲突。例如，某种非物质文化遗产在一个国家可能被视为神圣的象征，但在另一个国家可能被当作不敬的代表。这种冲突可能导致情感上的不适和误解。在跨文化交流中，这种文化陌生导致对对方文化背景的不了解。言语、行为等在不同文化中可能具有不同的含义，如果没有正确理解，就容易产生误解，影响文化交流的效果。

为了减少文化冲突和误解，各国和地区可以通过提前开展相关的文化讲座或文化培训等方式，帮助人们了解其他文化的价值观和传统。加深对文化的认知度有助于减少文化冲突和误解的发生。各国和地区可以通过对话和沟通，解释文化遗产的含义，讲述其背后的故事，让人们更深入地了解不同文化的价值。强调文化的多样性和平等性，鼓励人们尊重不同的文化表达方式，可以减少对其他文化的歧视和轻视，减少冲突的可能性。

（二）商业化与文化虚假化

随着全球化的不断发展，非物质文化遗产作为各国独特的文化宝藏，正面临着商业化的挑战。商业化的冲击可能导致文化虚假化。文化虚假化是指在满足市场需求的背景下，文化元素被过度夸张或扭曲，导致其失去了原有的真实性。这种现象在一些情况下可能会损害非物质文化遗产的独特性和真实价值，对其在文化交流中的意义和价值产生负面影响。商业化的趋势可能导致非物质文化遗产商业化。文化元素被过度商业化，可能失去原有的非市场性质，而变成了追求利润的工具。这种商业化的现象不仅有可能影响文化遗产的内在精神，还可能破坏其传承方式和原有的社会功能。

为了应对商业化带来的问题，各国可以采取一系列措施来保护和维护非物质文化遗产的真实性和价值。通过法律法规，明确非物质文化遗产的保护准则，限制商业化对非物质文化遗产的影响。还可以加强文化教育，通过教育活动提高公众对非物质文化遗产的认识。增强人们对文化传统的理解，有助于抵制过度商业化和文化虚假化。鼓励文化从业者自我约束，自觉遵循文化保护和传承的原则，避免将文化元素用于虚假宣传或者过度商业化。促进可持续发展，鼓励商业化与文化保护相结合，实现可持续发展。商业活动可以为非遗传承者提供经济支持，但需要保证非物质文化遗产的真实性和独特性不受损害。

（三）资源不足与文化交流不平等

在非物质文化遗产的跨文化交流中，资源不足与文化交流不平等是一个引人深思的议题。资源不足包括缺乏资金、人力、设施等，这使一些国家和地区难以有效地对其非物质文化遗产进行保护，限制了非物质文化遗产的研究、保存和传承，使其受到损害甚至消失，从而丧失在国际交流中展示和传播的机会。而不平等的文化交流可能导致一些国家的非物质文化遗产在国际上得不到充分的认可和传播。一些发达国家和地区可能更有能力吸引资源，从而在国际文化交流中占据较有利的地位，这加深了文化交流的不平等。

为了解决资源不足和文化交流不平等问题，国际组织应促进平等和互惠的文化交流机制。通过建立包容性的平台，各国非物质文化遗产都能够获得平等的展示和传播机会，减少文化交流的不平等现象。鼓励文化教育，提高人们对本国和其他国家文化遗产的认识和尊重。这样有助于减少文化冲突，推动平等、相互尊重的文化交流。各国应该注重本土非物质文化遗产的传承和创新，减少对外依赖，使本国的非物质文化遗产能够更好地融入现代社会，增强生命力，从而得到更多的展示机会。

复州皮影戏存续现状研究

2015年7月11日,国务院办公厅印发《关于支持戏曲传承发展的若干政策》的通知(国办发〔2015〕52号)。这份通知中指出,戏曲具有悠久的历史、独特的魅力和深厚的群众基础,是表现和传承中华优秀传统文化的重要载体……坚持扬弃继承、转化创新,保护、传承与发展并重,更好地发挥戏曲艺术在建设中华民族精神家园中的独特作用。

为贯彻落实这份通知的相关精神,2015年12月30日,辽宁省人民政府办公厅印发了《关于振兴辽宁地方戏曲的实施意见》,该意见指出:"遵循'紧跟时代、立足本土、勇于创新、引领风尚'的基本方针,建立队伍整齐、行当齐全、创作繁荣、演出活跃、具有鲜明地域特色和较大影响力的地方戏曲院团,创作更多弘扬社会主义核心价值观、传递正能量的优秀剧目,培养更多德艺双馨的戏曲人才,让辽宁地方戏曲活起来、传下去、出精品、出名家。"

传统戏剧作为我国历史文化的瑰宝,承载着民族的情感和记忆。然而,在社会高速发展与多元文化浪潮的双重冲击下,传统戏剧自身发展模式的局限性更为突出,其生存空间正面临前所未有的挤压与限制。如何在这样的背景下,对传统戏剧进行时代性的重构,令其得到更好的保护和传承,成为一个亟待解决的问题。复州皮影戏作为中国传统戏剧之一,在时代变迁的洪流之中,同样面临着生存环境逐渐恶化的实际情况。

一、复州皮影戏的历史与价值

（一）发展脉络与艺术特色

皮影戏从明朝末年传入大连地区，至清代达到鼎盛，距今已有几百年的历史。复州皮影戏在长期的表演实践过程中，形成了自身特有的艺术风格。

复州皮影戏由于地域差异和诸多社会、历史原因，在其漫长的发展过程当中，逐渐形成了两大风格流派：一派被称为"本地影"，也称"南派影"；另一派被称为"翻书影"，也称"北派影"。南派影主要分布于辽宁南部的瓦房店、大连、旅顺、庄河以及辽宁东部的宽甸、凤城等地，其中以瓦房店最具代表性。南派影的音乐及唱腔广泛地借鉴了辽南地区如东北大鼓、二人转、东北民歌等民间音乐素材，故风格新颖，且具有浓郁的地方色彩及说唱音乐特征。北派影主要分布于盖州、营口、海城、岫岩等地，其中以盖州最具代表性。北派影音乐及唱腔的风格与东北其他地区的皮影戏类似，又与河北皮影戏一脉相承，故风格较为传统，且具有唱腔丰富、板式灵活、表现力强等特点。

（二）艺术价值

复州皮影戏是大连地区第一批入选国家级非物质文化遗产代表性项目名录的唯一项目（2006年），也是大连地区迄今为止唯一的传统戏剧类联合国教科文组织人类非物质文化遗产代表作名录项目（2011年）。由此，作为大连地方戏曲的复州皮影戏，其地位和重要性在大连地区可谓无可替代。复州皮影戏具有独特的艺术个性和较为广泛的群众基础，在大连地方戏曲艺术中占有重要地位，产生过较大的影响。复州皮影戏是大连重要的文化艺术资源，同时也是具有大连地方特色的地方戏曲。

二、复州皮影戏的现状与面临的挑战

复州皮影戏经历了几百年的发展,深受广大群众欢迎。但近年来,随着各种新形式以及更适应当代文化需求的产品如雨后春笋般涌出,人们的娱乐方式更为丰富,复州皮影戏这种表演平面化的、传统性的艺术逐渐与当代审美观念脱节,其传承与发展日渐式微,已经不再是满足人们精神需求的核心文化产品。加之优秀的皮影艺人相继老去、逝世,又后继乏人,复州皮影戏陷入了种种困境。

(一)传承人老龄化严重

复州皮影戏来源于民间,像许多门类的非遗项目一样,采取的是师带徒、口口相传的传承模式,未曾形成系统化、专业化、持续性的教学培养体系架构,随时存在着无可接续的隐患。传承人年事已高(含代表性传承人在内),他们绝大多数年龄在 70 周岁以上,个别的已超过 80 周岁,加之体弱多病,表演早已力不从心。年轻人多碍于收入甚微等原因,不愿从事此项工作。

(二)观众数量锐减

近年来,随着物质生活水平的不断提高,人们对于精神生活亦提出了更高的期待。恰逢网络媒体的高速发展,智能设备的快速普及,人们对于快速、便捷、直观的网络传媒展现出了极其浓厚的兴趣,甚至是依赖。尤其是一系列短视频平台的相继推出,极度迎合了大众对于新鲜事物的猎奇心理以及"短、平、快"的接受模式。与之形成鲜明对比的是,复州皮影戏传统的表演方式和不甚丰富的演出剧目,导致大批观众对皮影戏的兴趣逐渐降低。

三、复州皮影戏的革新与发展

面对上述种种困境与挑战,复州皮影戏的相关保护单位及从业人员没有"坐以待毙"。相反,他们积极进取、广开思路,充分发挥自身优势,竭力维系着复州皮影戏的传承与发展。

(一)民间团体和馆办团体共同发展

大连地区现仍在演出的复州皮影戏剧团、班社等共计6个,其中民间团体4个,馆办团体2个。

民间团体包括:(1)成立于2004年的得利寺镇"义和班",班主宋国超为复州皮影戏国家级代表性传承人。(2)成立于2010年的驼山乡"西屏王家班",班主王运选,该班常年坚持深入乡村演出,具有一定影响力。(3)成立于2010年的"复州城镇皮影班",班主柳忠国,该班常年坚持在复州城及其周边地区演出。(4)成立于20世纪70年代的"得胜班",由孙德深(已故)组建,该班以演出传统剧目为主。

馆办团体包括:(1)成立于1998年的瓦房店市(大连下辖县级市)文化馆皮影队,隶属于瓦房店市文化馆。该皮影队曾多次在省内外比赛中获奖,并长期坚持深入农村、学校进行演出。代表剧目包括:《红莲仙子》《小羊过桥》《鹤与龟》《丛林奇遇》等。(2)成立于2006年的大连市文化馆木偶皮影剧团,隶属于大连市文化馆,团长葛运峰为复州皮影戏省级代表性传承人,剧团前身是成立于2005年的大连益平皮影剧团,擅长传统剧目及各类新编剧目的表演。近年来,该团共完成剧场、进校园、进社区、进部队、进厂矿、敬老、助残、关爱留守儿童等各类公益演出近百场,观众万余人次。其中,2022年22场,2023年31场,2024年(截至11月)35场。代表剧目包括:《沙场情缘》

《龙山喋血》《森林里的故事》《盗马关》《变脸》《三只猴子》《鹤与龟》《红莲仙子》《丛林奇遇》《小羊过桥》《红舞鞋》《卖火柴的小女孩》《小号手》等。

（二）非遗传习所建设工程打开新局面

非遗传习所是大连市在非遗保护、发展与传承方面所做的一个积极、有益，并且效果显著的探索，是非遗进校园的"2.0版本"——非遗在校园。其以大、中、小学校（包括幼儿园）为载体，以各类非遗项目技艺传承为核心，以培训为重点，坚持"统筹规划、因地制宜、分类指导、合理布局"的原则，建立非遗保护传承体系。

截至2024年，大连市共建立复州皮影戏非遗传习所4所，其中，小学2所（大连市实验小学、瓦房店市得利寺镇中心小学）；高中1所（大连市第二十高级中学）；高校1所（大连职业技术学院）。复州皮影戏各非遗传习所自设立以来，均开设皮影课堂，购买皮影演出桁架、灯光、音响等设施，并由授课老师带领学员亲手制作影人及布景。各非遗传习所常年坚持授课，带领学员学习复州皮影戏《鹤与龟》《三只猴子》《猪八戒背媳妇》《丛林奇遇》《大灰狼》等经典剧目。学员们从了解剧情开始，继而学习皮影表演，再到影人制作等。

（三）借助新媒体平台

随着新媒体时代的到来，完全依靠传统的传播模式已不能够满足复州皮影戏普及、宣传的需求。为此，以大连市非物质文化遗产保护中心为代表的相关单位，为复州皮影戏与新媒体融合发展作出了诸多有益的尝试。如，在其公众号对皮影戏剧目、卡通片、宣传片进行展播；在视频号中举办皮影戏课程讲座；官方抖音号直播剧目排练、日常排练；开展线上皮影戏进校园活动等。这一系列行之有效的新媒体举措极大地开拓了复州皮影戏的普及路径，使更多的观众可以从不同的渠道、不同的角度欣赏复州皮影戏，了解复州皮影戏，进而喜爱复州皮影戏，让这个已经有几百年历史的地方戏曲瑰宝能够继续传承下去。

方寸之间呈现古老光影艺术
——复州皮影戏的当代演绎

一、复州皮影戏的概况

（一）复州皮影戏的历史沿革

皮影戏自明代末年传入大连地区后渐趋兴盛，在清代达到发展鼎盛期。这一民间艺术在大连地区广泛流传至今，已有几百年历史。复州皮影戏在长期表演实践中，形成了独具特色的艺术风格。从明末传入至清中晚期鼎盛之时，基本形成了相对完整的艺术体系。复州皮影戏的发展大致经历了三个阶段：第一个阶段，大约从明末至乾隆前期，音乐及唱腔风格近乎诵经；第二个阶段，大约从乾隆中期至道光末期，音乐及唱腔风格近乎民歌联唱；第三个阶段，大约从道光末期至20世纪初，音乐及唱腔风格基本定型为板腔体，即形成了一种具有严格节奏和固定唱腔的演唱模式。

（二）复州皮影戏的价值

作为大连地方戏曲的重要代表，复州皮影戏的历史地位举足轻重。这一独特身份，凸显了其在大连文化脉络中无可替代的重要性。复州皮影戏凭借独特的艺术个性和深厚的群众基础，在大连地方戏曲艺术领域占据重要地位并产生深远影响。作为极具地域特色的文化艺术资源，其音乐与唱腔广泛汲取辽南地区民间音乐养分，融合东北大鼓、二人转、东北民歌等元素，形成了传统与创新兼具、地方色彩浓郁且富有说唱艺术特征的独特风格。

二、复州皮影戏剧目的创作

（一）在孩子们心中种下传统艺术的种子

复州皮影戏与儿童剧的邂逅，可以说是传统文化与现代艺术的完美融合。这种融合不仅让皮影戏这一传统文化艺术得以传承和发扬，同时也为儿童剧注入了新的元素和活力。

首先，复州皮影戏寓教于乐的特点与儿童剧有着天然的契合。复州皮影戏的表演形式生动、形象，能够深深地吸引孩子们，激发他们的想象力和创造力。同时，复州皮影戏所传递的教育意义也与儿童剧的主题相得益彰。例如，在复州皮影戏《小羊过桥》中，皮影的表演让孩子们更直观地理解了宽容、谦让的美德，以及在面对冲突时应该如何理解和包容他人；《大灰狼》则以贪婪、自私和狡猾的大灰狼为线索，通过精彩的表演，向孩子们传递了智慧的启示，提醒孩子们在生活中要树立正确的道德观并增强防范意识。剧目中，大灰狼为了满足自己的私欲，不择手段地欺骗其他动物，最终自食恶果。这种情节设计不仅让孩子们了解到贪婪、自私和狡猾的危害，还引导他们在日常生活中要提高警觉，更要诚实、善良、乐于助人。

其次，复州皮影戏与儿童剧的结合方式也是多种多样的。一方面，儿童剧可以借鉴皮影戏的表演形式和技巧，丰富自己的艺术表现力。例如，在《熊猫咪咪》中，复州皮影戏的元素被巧妙地融入剧情中，增强了孩子们的观赏体验。另一方面，复州皮影戏也可以从儿童剧中汲取新的灵感和创意，丰富自己的剧目内容和表现形式。《熊猫咪咪》的故事情节和角色设定为复州皮影戏提供了新的表演素材和灵感。《鹤与龟》没有对白，完全采用民乐伴奏，以此表达更深层次的艺术效果。通过该剧，孩子们可以领略到复州皮影戏独特的艺术风格，感受其丰富的教育意义。《梁祝》将传统的复州皮影戏技艺与现代舞台表现手法相结合，成为一部充满创意和感染力的剧目。皮影戏的造型精美，音乐旋律动人，再结合现代化的舞台效果，使得整个剧目既古朴典雅又不失现代感。

复州皮影戏与儿童剧的结合还为孩子们提供了更广阔的艺术视野和文化熏陶。通过复州皮影戏与儿童剧的结合，孩子们可以更深入地了解传统文化的魅力和现代艺术的表现形式，培养自己的审美情趣和人文素养。《三只猴子》通过角色扮演、台词朗诵等方式，培养了孩子们的表演能力和语言表达能力，鼓励他们在面对困难时勇敢地运用智慧解决问题。孩子们可以感受到聪明才智、团结协作和勇敢面对困难的精神对于人类的伟大意义。复州皮影戏与儿童剧结合的形式不仅传承了传统文化艺术，还为现代社会注入了新的活力。通过这种形式的艺术教育，我们可以更好地培养孩子们的价值观和人生智慧，让他们更加勇敢地面对困难并运用智慧解决问题。复州皮影戏与儿童剧的结合是一种双赢的合作方式。这种合作不仅有利于传统文化的传承和发展，同时也为现代艺术注入了新的活力和创意。

（二）演绎传统故事，体验经典带来的力量

复州皮影戏是一种独特的艺术形式，它通过皮影戏的表演技巧和传统故事相结合，演绎经典，传递文化价值。

首先，复州皮影戏在演绎经典方面有着独特的方式。它以传统皮影戏为基础，结合丰富多彩的艺术手段，对经典剧目进行创新演绎。例如，《梳妆》一幕中的特技变脸，集中体现了复州皮影戏在表演艺术上的高超技艺。通过精湛的皮影操作和唱腔配合，将故事中的人物刻画得栩栩如生，淋漓尽致地展现了皮影戏的魅力。

其次，复州皮影戏与历史故事的结合也是非常巧妙的。历史剧通常具有生动的故事情节和丰富的角色形象。而皮影戏则是一种具有浓郁地方特色的艺术形式，它通过影子的投射和表演者的讲述来展现故事情节。在复州皮影戏中，历史与艺术被巧妙地结合在一起，形成了一种独具特色的表演风格。例如，《盗马关》中，反将海豹在镇守盗马关时升帐的场景和将军打斗的场景，生动地展现了复州皮影戏的唱腔艺术和操控技巧。特别是"髯"角的唱腔和皮影操控的特点，展示了复州皮影戏的独特魅力。

此外，复州皮影戏与传统经典故事的结合为观赏者们提供了更多的文化体验和教育意义。通过观看此类皮影戏，人们可以更好地了解传统文化知识并感受到其中的魅力和价值。例如，皮影戏《梁祝》以中国著名的民间传说梁祝为蓝本，讲述了两个年轻人在封建礼教的压迫下，依然坚持追求真爱，最终以死抗争的故事。这部剧目将原本的故事进行了现代化的改编，更加贴近现代观众的审美，同时也传递了对爱情和反抗的赞美。复州皮影戏通过独特的演绎方式与剧情巧妙结合，不仅传承和发扬了传统文化艺术，也让现代人体验到古老艺术的精彩与震撼。这种结合为观众带来了丰富的文化体验和教育意义，让他们在欣赏皮影戏的同时得到了更多的启示。

（三）结合外国寓言故事，开展创新与尝试

皮影戏与外国寓言故事的结合是两种文化瑰宝的跨文化相遇。皮影戏这门古老的中国艺术，凭借着精美的影偶、细腻的表演深受人们的喜爱。外国寓言故事蕴含着深刻的人生哲理，以幽默风趣的表现手法成为世界文化的重要组成部分。当皮影戏遇上外国寓言故事，不仅是一场精彩的艺术盛宴，更是一场文化的交流与碰撞。那些脍炙人口的外国寓言故事在皮影戏的演绎下焕发出新的活力，令观众在欣赏中思考和感悟。在这个文化多元化的时代，这样的融合与创新显得尤为重要。

复州皮影戏《红舞鞋》则是与外国寓言相互结合的一次全新尝试。《红舞鞋》是一部充满艺术魅力和人文内涵的作品。它以皮影戏为表现形式，巧妙地融合了舞蹈、音乐和戏剧元素，将观众带入了一个充满想象的艺术世界。《红舞鞋》通过讲述一个简单而感人的故事，唤起了人们内心深处的善良与美好，让观众感受到爱与关怀的力量。《红舞鞋》还揭示了一种对人性真善美的探索。《红舞鞋》作为一部优秀的艺术作品，具有很高的审美价值。通过欣赏这部作品，人们不仅能够得到艺术上的享受，更能够获得心灵上的触动和启迪。

这种融合不仅丰富了皮影戏的内容，还使其更加贴近国际审美和大众心理需求。通过将外国寓言中的经典故事、角色和情节融入皮影戏中，复州皮影戏成功地创造了一种新颖、有趣且富有教育意义的艺术表现形式。

三、复州皮影戏为时代发光发热

（一）复州皮影戏在文化传承中的作用和影响

复州皮影戏是中国传统文化的独特表现形式之一，具有悠久的历史和丰富的文化内涵。保护和传承复州皮影戏，可以保护文化的多样性和丰富性。对复州皮影戏的保护和传承还可以促进中国文化的国际传播和交流。皮影戏是中国传统文化之一，其表演和传承可以展示中国文化的独特魅力和价值。将其推向国际舞台，可以让更多的人认识和了解中国的传统文化，增强中外文化之间的相互理解和交流。另外，作为一种艺术形式，复州皮影戏还为现代艺术创作提供了独特的灵感和素材。皮影戏的表演方式和文化内涵可以为现代艺术创作提供不一样的表现形式和内容。同时，将皮影戏的元素融入现代艺术创作中,也可以为传统文化的传承和发展提供新的思路和支持。

(二)复州皮影戏在社会教育方面的价值

复州皮影戏集戏剧、音乐、绘画和手工技艺于一身,凭借其独特的魅力深受广大民众的喜爱。更为重要的是,它在社会教育方面的价值不容忽视,尤其是对少年儿童的教育作用。

皮影戏故事多取材于民间,以传统的道德观念和人文精神为主题,通过生动的故事情节和鲜活的角色形象,向儿童传递积极向上的价值观。在观看皮影的过程中,孩子们不仅能感受到故事的趣味性,还能在潜移默化中接受优秀传统文化的熏陶。

首先,皮影戏有助于培养儿童的道德观念。许多皮影戏中的角色都有着鲜明的道德标签和人物性格,如善良、勇敢、诚实等。通过观看皮影戏,儿童可以直观地了解到什么是好的品质,什么是值得学习的行为。这种寓教于乐的方式,不仅能够让儿童更好地理解道德观念,还能够增强他们对道德价值的认同感。

其次,皮影戏有助于提高儿童的审美水平。皮影戏的表演形式独特,音乐、唱腔和舞美等方面都有着较高的艺术价值。通过观看皮影戏,儿童能够感受到传统艺术的魅力,增强对美的敏感度和鉴赏能力。审美水平的提高不仅有助于儿童的个性发展,还能够为他们的全面发展打下坚实的基础。

最后,皮影戏有助于增强儿童的创造力。在皮影戏表演的过程中,演员们需要运用丰富的想象力和创造力来塑造角色和编排剧情。儿童在观看皮影戏的过程中,不仅能够学习到演员们的创作技巧,还能够激发自己的想象力和创造力。这种创造力的培养,对于儿童的未来发展具有重要意义。

总之，皮影戏对儿童的教育作用不可小觑。通过观看皮影戏，儿童不仅能够了解传统文化的精髓，还能够培养良好的道德观念、提高审美水平、增强创造力。因此，充分利用皮影戏这一宝贵的非物质文化遗产，为儿童的健康成长发挥更多有益的作用有助于皮影戏的推广和传承，让更多的人了解和欣赏这一独特的艺术形式，共同弘扬和发展中华优秀传统文化。

（三）复州皮影戏传递社会主义核心价值观

社会主义核心价值观是社会主义核心价值体系的内核，反映社会主义核心价值体系的丰富内涵和实践要求，是社会主义核心价值体系的高度凝练和集中表达。作为中国民间古老的传统艺术，皮影戏不仅承载了中华民族悠久的文化底蕴和艺术积淀，更加蕴含着丰富的社会主义核心价值观元素。皮影戏的故事情节往往涉及人们在社会生活中的各种道德选择和价值判断，传递出了如诚信、公正、和谐等价值观。观众在观看皮影戏的同时，可以领悟到这些价值观的重要性。这些价值观不仅是中华民族的传统美德，也是现代社会的基本准则。

如《梁祝》中通过讲述梁山伯和祝英台的生死爱情故事，不仅让观众感受到了爱情的伟大，也引导人们树立正确的人生观和价值观。这种人生观和价值观对于培育和践行社会主义核心价值观具有重要的促进作用。复州皮影戏经典传统剧目《盗马关》讲述巾帼英雄樊梨花带领将士平定西梁反叛，并在其子薛猛的助阵下，英勇杀敌，终获全胜的故事。在这部剧中，樊梨花的英勇善战、智勇双全的形象被生动地展现出来。剧中，樊梨花和她的战友们为了国家的利益，义无反顾地投身战场，展现出对国家和民族的责任与担当，高度体现社会主义核心价值观。

复州皮影戏以其浓郁的地方特色、精湛的技艺和丰富的故事内容，成为传递社会主义核心价值观的独特载体。它让社会主义核心价值观以更加生动和亲切的方式走进人们的生活。观众在欣赏精彩表演的同时，潜移默化地接受社会主义核心价值观的熏陶，激发内心深处对真善美的追求。

珐琅光影添华彩　古韵传承展匠心
——大连掐丝珐琅点螺画

掐丝珐琅点螺（又称点螺珐琅）画，是由中国传统景泰蓝工艺传入民间后演绎而成的。大连掐丝珐琅点螺画是在掐丝珐琅的基础上，以精美的贝壳替代珐琅质料，采用螺钿工艺镶嵌其中，从而形成的极具大连海洋文化特色的非遗项目。2024年，大连掐丝珐琅点螺画项目入选大连市第九批市级非物质文化遗产代表作名录。

大连地区曾出土汉代铜贝鹿镇和镶嵌宝石的金带扣。铜贝鹿镇是在虎贝螺上掐金银丝作为镇，用于压席；镶嵌宝石的金带扣则是将黄金采用立体锻打成丝线条，里面镶嵌宝石，再施以螺钿（点螺）工艺。时至近代，点螺工艺常被用于建筑及交通工具等装饰上。

大连掐丝珐琅点螺画主要流行于大连市西岗区（旧称小岗子）一带。从初期沿街叫卖的胸针、头饰等小物件，到如今制作花瓶、薰炉、灯台、饕餮、蕉叶、龙凤、云鹤、菊花等工艺品及生活用品，大连掐丝珐琅点螺画已经历了六代人、百余年的传承与打磨。

大连掐丝珐琅点螺画制作工艺独特，在传统技法的基础上，采用新兴材料和工具，以求造型独特、美观，进而实现意境的彰显。大连掐丝珐琅点螺画制作流程可分为：内容构思、设计制图及描图、捋丝、涂胶、掐丝、点蓝、点螺、风干、清理画面杂色、表面固化处理、表面防尘防水处理、装裱共十二道工序，其中尤以内容构思、捋丝、掐丝、点蓝、点螺这几步最为重要。

大连掐丝珐琅点螺画的内容构思，是画作最终呈现效果的基础。其分为两个方面：首先是图案的构思，在制作之前就要在脑海中勾勒出作品的大致轮廓及其基本线条；其次是选择作品的承托，硬质平面是最根本的要求，可根据作品的实际内容选择更为适宜的承托，且尽可能地选择一些可长时间保存且不易腐朽、变形、变质的材料，如经过防腐、防变形处理的木质、贵金属、陶瓷等，都是较为适宜的承托材料。

大连掐丝珐琅点螺画的捋丝，是指在掐丝（捋丝之后的制作工艺流程之一）之前整理丝线，使其整齐，便于使用。丝线需先捋直，再将捋直的丝线掐出流畅、美观的线条。捋丝时需格外注意力度及频率，以免将丝线上的镀金表皮破坏，使用之前要仔细检查表皮金属是否完好无损，以免影响画作成品的观感。

大连掐丝珐琅点螺画的掐丝，其"金丝"非纯金制作，实际是铝丝，它是将铝丝用氧化等方式进行特殊处理而使其呈现金色。丝线一般以金色和银色为主，其他颜色应用较少，目的是避免因颜色过多而造成整体凌乱。掐丝时要注重结合作品实际情况灵活处理。如图案转角处，要配合镊子的使用才能制作得圆滑饱满；叶子的尖端，人物的手、脚、面部、指甲等，一定要处理好弧度的问题，否则会让局部显得较为生硬。

大连掐丝珐琅点螺画的点蓝（俗称上砂釉），基本采取两种方法——胶点蓝和水点蓝。胶点蓝需要将珐琅釉料与清水混合，用铲子把珐琅釉料放进丝与丝之间的空隙中并轻轻地滑动，使各种颜色的珐琅釉料一点点混合、过渡，制作出层次渐变的效果。之后，用手轻轻地晃动画作，使其逐步趋于平整，再用吸管抽取调沙胶原液（不可用水稀释），滴到画面上，胶水会自行散开并渗透；水点蓝需要将调沙胶稀释后和砂釉搅拌在一起（胶水要保持一定的流动性），将砂釉挑到承托上，保持画面平整，之后等待胶水晾干。点蓝时需要注意的是，用了调沙胶之后，砂釉看上去粘得很结实，实则不然，若其遇水，便会立即散开。所以，点蓝之后，还必须刷一次强力固沙胶，砂釉才会真正粘牢，从而确保其几十年甚至上百年不掉沙。用强力固沙胶处理之后，还需要再喷一层透明状的"淋膜胶"，喷洒过后，其会在画作表面形成一层保护膜，在起到防水作用的同时，还会使画作泛起一层微微的亮光，提升画作整体美感。

大连掐丝珐琅点螺画的点螺是其核心工序，其中，"点"是指技法，而"螺"则是材料。点螺是将彩色螺贝先制成0.5毫米及以下的薄片，再切割成点、丝、片等各种不同的形状备用，最后按照螺钿工艺仔细镶嵌在事先挖好的底槽中或镶嵌于砂釉之上，使其和画面完美结合。在选择贝壳时要考虑其天然颜色与砂釉颜色的对比及搭配，力求做到浑然天成、相得益彰、灿烂生辉，使其在光线的照映下，产生奇幻、绚丽的视觉效果。

大连掐丝珐琅点螺画成品整体画面呈现浮雕效果，给人以极佳的视觉艺术的享受。其题材丰富，表现手法独特。传统题材多以人物、花鸟、山水为主。创新后的掐丝珐琅点螺画借鉴了国画施色、勾线、烘染的技法，作品风格也做了大胆的突破，有的复杂，有的简洁，有的写意，有的写实，有的质朴，有的夸张。大连掐丝珐琅点螺画在创新中大胆尝试借鉴油画、工笔画、写意画、漆画、版画以及民间剪纸等艺术形式的技法、意韵。在此基础上，从造型及表现形式上亦有创新，如创作出双面浮雕、透视叠加、光影凹凸镜像等新式样。大连掐丝珐琅点螺画还借鉴了锦、玉、瓷、漆等工艺传统手法，突出勾边填色的图案，珐琅色彩丰富，混合色种类繁多，黄、绿、白、天蓝、宝蓝、鸡血红、葡萄紫、紫红、翠蓝等均运用于其中。

近年来，大连掐丝珐琅点螺画在各类赛事及评选中屡获好评。其中，2018年7月，作品《文殊菩萨》《生肖龙》在中国工艺美术学会举办的第六届中国（大连）国际文化产品博览会"中艺杯"优秀工艺美术作品评比中分获"金奖""银奖"；2018年10月，作品《普贤菩萨》在中国工艺美术学会举办的2018年中国工艺美术精品博览会"神工杯"设计创作大赛中获"铜奖"；2020年10月，作品《掐丝珐琅黄财神》在中国工艺美术学会举办的2020年中国国际文化旅游产业交易博览会"金牡丹杯"文化创意大赛中获"金奖"；2021年10月，作品《千里江山图》在中国工艺美术学会举办的2021年中国（大连）国际文化旅游产业交易博览会"中艺杯"工艺美术优秀作品大赛中获"银奖"等。

"鼓"风"鼓"韵说唱世间百态
——大连西河大鼓

西河大鼓是中国北方地区的鼓书暨鼓曲形式，是传统曲艺曲种之一，普遍流行于河北境内并流传于辽宁、河南、山东、北京、天津、内蒙古等地区。在流传过程中曾使用过"大鼓书""梅花调""西河调""河间大鼓""弦子鼓"等名称。大连西河大鼓由天津传入，曾繁盛一时。该项目于2024年入选大连市第九批市级非物质文化遗产代表作名录。

西河大鼓是由木板大鼓发展而来，起源时间约在清代道光年间至咸丰年间。早期，西河大鼓以说唱中、长篇书目为主，常见书目有《杨家将》《呼家将》等。西河大鼓流派众多，有北口朱(化麟)派、南口李(德全)派、王(振元)派、赵(玉峰)派，以及20世纪40年代由马连登、马增芬父子创立的专工短段儿的马派。流派纷呈，使西河大鼓展现出了丰富多彩的艺术风格。

西河大鼓传入大连后，首先在当时小岗子（今大连市西岗区）的露天市场崭露头角，并受到大众的喜爱。20世纪20年代，被誉为"关外小天桥"的小岗子露天市场是一个综合性的经营场所，共分四个区，涵盖了前后临近的几条街道，是平民百姓吃喝游玩、购物娱乐的好去处。市场两旁尽是各式各样的商店、饭馆、书馆、戏园子，还有各种各样的小摊贩，如卖小吃的、拉洋片的、算卦的，以及各种中、小型茶园。许多民间艺人在这里"撂地儿"表演，有说评书的、唱鼓书的、演驴皮影的、耍杂技的。还有不少来自外地的艺人或团体也到这里卖艺,像北京、天津、沈阳等地的曲艺人多在此演出,主要演出的曲种有西河大鼓、东北大鼓、相声、评书、山东琴书、河南坠子等。一时间,小岗子一带民间自娱性戏曲活动蔚然成风,一些原来只演戏曲和电影的茶园、剧场也开始接纳说唱艺人的演出。随着时日延续,听书学艺之风也日渐成为该地区广大中、下层人民群众的一种时尚,这为西河大鼓在大连的繁衍和兴盛积淀了浓郁的社会氛围和广泛的群众基础。

著名西河大鼓表演艺术家王玉岭(大连西河大鼓第一代代表性传承人),于1944年闯关东来到大连说书谋生。他天资聪颖,嗓音条件极佳,演唱行腔刚柔相济,表演火爆炽烈,塑造人物形象鲜明,性格特征突出,不久便在大连博爱市场和寺儿沟一带以说书闯出名号。其曾先后担任原旅大市群众曲艺团团长、原旅大市曲艺团副团长等职务。

大连西河大鼓属于鼓曲类曲种,表演方式十分简单,演员左手持两片铜板儿,磕打有声,右手以鼓键子敲击扁鼓,另有乐手弹三弦为演唱伴奏,有说有唱,说唱间叙述故事情节。其中,一人说唱的,称为"单口儿";二人合演的,称为"对口儿"。伴奏乐器,起初主要用三弦,后来,逐渐增加了四胡、扬琴、琵琶等。

大连西河大鼓的演唱形式分为"说书""唱段""书帽儿"三大类。其中,说书是指有说有唱,说唱结合,以展现完整故事。书目基本是中、长篇。长篇书又名"蔓子活儿",往往连续演唱数月;中篇书又名"巴棍儿",一般可以连演十余场;唱段则是指通篇演唱的段落,没有说白。一个唱段,唱词100~200句不等。其主要用以展现故事片段,或具娱乐性、抒情性的场景。"书帽儿",又称"小巴札儿",其唱词量较短,多系笑话、巧说之类,一般被用作正书开演之前"垫场儿"。西河大鼓唱短段的演员,一般皆站立演唱，书鼓用长腿支架。说大书者略有不同，演员面前摆有一张桌子，上面放矮架书鼓，并一块醒木、一把扇子，桌后有一椅，说时可站可坐，而唱时大都起身表演，弦师则坐在演员左侧桌旁。

大连西河大鼓唱腔属板腔体，主要板式有头板、二板、三板。头板是一眼三板，4/4拍；二板是一板一眼，2/4拍；三板是有板无眼，1/4拍。这三种板式是大连西河大鼓唱腔慢、中、快节奏的基本节拍。在这三种板式基础上构成了若干个唱腔，这些唱腔在长期的演唱实践中形成了较为固定的形式，并有了约定俗成的名字，包括：起板、紧五句、慢四句、一马三涧、蚍蜉上树、流星赶月、双高、海底捞月、反腔、上反腔、中把腔、下把腔、走腔等。

大连西河大鼓的唱词结构多样，有的是上、下两句对仗式结构，如起板、流星赶月等；有的是多句平铺式结构，如紧五句、慢四句等；使用最多的是单一句式结构，如一马三涧、蚍蜉上树、反腔、下把腔、走腔、梆子穗等。这些单一唱句或用于唱腔的上句，或用于唱腔的下句，亦可用于唱腔之间的过渡及某唱段的开始与结尾处，等等。由此可见，专用唱腔的曲调是基本固定的，板式则可根据演唱的速度及故事发展的需要做些必要的调整。

大连西河大鼓的传统书目及新创书目，现有长、中、短篇共百余部，其内容大部分是历史故事、英烈事迹、民间传说、神话故事、寓言笑话等。其中不少书目的内容反映了劳动人民的思想感情、真切愿望，其情节曲折、语言生动，展现了中国民间文学的无穷魅力。其中，《封神演义》《太原府》《三全镇》《小姑贤》《兰桥会》《大隋唐》《杨家将》《薛家将》《大明英烈》《大红袍》《大八义》《小八义》《平原枪声》《野火春风斗古城》《烈火金钢》《草原风火》《破晓记》《一条活龙》《会亲家》《破除迷信》等，便是表演书目中的优秀代表。

20世纪70年代，大连西河大鼓艺术家多达几十人，但到90年代初，仅余不到10人，且演出较少，该非遗项目面临断续之危。为了更好地保护和传承大连西河大鼓，近年来，相关保护单位和该项目第三代代表性传承人王敏，采取了一系列行之有效的举措，现已初见成果。2011年，大连市西岗区成立了青少年曲艺培训基地，培养大连西河大鼓学员百余人。自2011年始，举办"曲艺进校园"活动，先后在大连市水仙小学、大连市九三小学、大连市第六中学、大连市第八中学等中小学普及曲艺艺术，成立曲艺队，培养大连西河大鼓学员；2014年，培养了王奕超等曲艺专业大学生，他们作为第四代传承人，传承大连西河大鼓；2019年，举办大连西河大鼓收徒仪式，收徒15人等。

第二部分

多元与突破：
大众文化的文艺延展

群众文化多元化传播推广的发展与实践
——以大连非遗传习所为例

群众文化与人类文明息息相关,是伴随着人类文明的起源而发展起来的。它是我国文化事业的基础,也是精神文明建设的重要组成部分。时代不同、民族不同、地域不同,群众文化的表现形式和文化特征也有所不同。新时期,随着经济的飞速发展,物质基础不断提高,人们在精神层面的需求也不断提高。因此,群众文化活动的多元化、丰富化与普及化显得尤为重要。非物质文化遗产是群众喜闻乐见的文化形式,它来源于民间,始于传统,同时又回馈于大众,极大地丰富了群众的文娱活动,是群众文化构建体系中不可或缺的一个组成部分。

放眼当下,学生的健康成长和全面发展成为每个家庭乃至整个社会关注的焦点。群众文化,特别是非物质文化遗产传承活动,作为连接学生与中华优秀传统文化的纽带,起到了至关重要的作用。国家通过各种政策支持和资金投入,力求每一个孩子都能享受到平等丰富的文化资源。

大连非遗传习所作为传承、传播和发展非遗项目的一项工程,将丰富多彩并极具大连地域文化特色的非遗项目扎根校园,让学生们可以近距离地接触优秀的本地传统文化。该工程曾荣获由文化和旅游部非物质文化遗产司支持、中国青年报社主办、中国青年网承办的 2021 年"非遗进校园"实践案例征集展示活动优秀实践案例;2023 年荣获由辽宁省文化和旅游厅主办的 2023 年辽宁省文化和旅游志愿服务优秀案例遴选活动文化和旅游志愿服务优秀案例。大连非遗传习所将以往非遗进校园集中展示展演的形式进行了全新升级，改"非遗进校园"为"非遗在校园"的非遗校园传承、传播"2.0 版本"，实现了非遗项目在校园内长期、稳定、有序、有效的传承与发展。

一、传习所项目模式的建立基础

（一）相关法律依据

大连非遗传习所的设立，是以国家、省、市各级相关部门颁布的有关法律、条例作为依据，主要包括：《中华人民共和国非物质文化遗产法》第三十四条"学校应当按照国务院教育主管部门的规定，开展相关的非物质文化遗产教育"；《辽宁省非物质文化遗产条例》第二十九条"鼓励各类教育机构开设非物质文化遗产课程、专业或者开展相关普及教育活动"；《关于进一步加强非物质文化遗产保护工作的意见》第十五条"在中小学开设非物质文化遗产特色课程，鼓励建设国家级非物质文化遗产代表性项目特色中小学传承基地"。

（二）非遗项目丰富

大连作为辽南文化的重要发祥地，传统文化生生不息、薪火相传，拥有丰富的非遗资源。经过不断发掘、整理，截至 2024 年，大连市人民政府已公布 9 批市级以上非物质文化遗产保护项目共 222 项，其中国家级项目 7 项，省级项目 26 项，市级项目 189 项。学校开展非物质文化遗产教育及中华优秀传统文化教育工作，正需要如此丰富的非遗资源。

（三）非遗代表性传承人储备较充足

截至 2024 年，大连市有非遗代表性传承人 206 人，其中国家级代表性传承人6人，省级代表性传承人20人，市级代表性传承人180人。在大连市非遗代表性传承人及其优秀学员中，有近150位不但自身能够掌握项目的历史渊源、基本内容、核心技艺，而且能够以精准的阐述、生动的演示、科学的教学方法，将非遗项目呈现给学生们。这样的教师队伍是传习所工程能够扎根校园的必备条件。

（四）多部门联合

为更好地开展传习所工程，推进非遗在校园生根发芽，2020年5月12日大连市文化和旅游局、大连市公共文化服务中心、大连市教育局联合下发《关于进一步开展非遗进校园活动及加强非遗传习所建设的通知》，要求各部门充分认识建设非遗传习所，推进非遗进校园的重要意义，结合非遗项目的内容及课时安排开展传习活动，真正做到经费到位、责任到人。

二、传习所项目模式的探索与实践

（一）点单式的合作机制

大连市非物质文化遗产保护中心（简称"市非遗中心"），作为非遗传习所的实际工作开展、管理单位，根据大连地区非遗项目分布情况、可授课教师数量等，结合各学校的不同需求，为各学校提供具有大连特色和艺术价值，且能够长期在校园普及培训的1~3项非遗项目的长期授课活动，推荐适合的非遗授课教师深入校园，走进课堂，进行传承培训，将项目资源、传承人资源与学校资源对接，点对点地将非遗项目引进校园，实现点单式合作。

（二）动态调整的管理机制

项目要求设立传习所的学校每学期授课不得少于20课时，授课情况可在网络上观看并监督。学习群体应相对固定，才能使其更加全面、系统、深入地学习非遗项目的历史传承及技艺特点，在普及培训的基础上，重点培养出色的"小小传承人"。

学校委派一名校方教师作为授课辅导老师，配合非遗传承人授课。学校委派教导主任及以上的领导干部一名，作为非遗传习所项目负责人，管理传习所授课进度，每月上传授课记录表，汇总非遗活动情况。市非遗中心定期与学校沟通，了解传承人授课情况以及学生传承技艺学习情况，根据学校需求及授课情况，调整授课教师及授课内容，改进教学模式。同时加强对传承人教学的管理，与授课传承人沟通，了解授课内容，并作出相应指导，确保传承人授课内容正规、易学、易懂、易实操，使学生在动手操作中学习非遗知识，体验非遗魅力，寓教于乐，增强学习的趣味性及体验感。

（三）展示展演的检验机制

为检验非遗传习所项目成果，大连市非物质文化遗产保护中心每年不定期组织非遗传习所进行大型展示展演活动，激发师生非遗保护的热情，营造浓厚的非遗传承氛围。展示展演活动形式多样，包括舞台演出、现场模拟课堂、现场制作、小小传承人评比等。2015年至2024年，已完成6场大型展示展演。其中，仅2019年3月举办的展演活动，现场就有千余人参加，并有数千人观看网络直播。

三、传习所项目的阶段性成效与收益

（一）传习所建设现状

2015年至2024年，大连市已建设各类传习所共100个。累计26个项目的40余名传承人走进学校，9年来授课达55000人次。非遗传习所项目的主要合作对象为大连市各幼儿园、中小学、高中和高校,其设立范围不限于大连市内,还包括庄河市、瓦房店市、普兰店区、金普新区、旅顺口区等。每个学生的背后都有一个家庭,一个学生参与了非遗传习,整个家庭都会参与进来。通过家庭再传播到整个社会,非遗传承在大连市遍地开花。

非遗传习所涉及学校众多,每个学校都能因地制宜,在操场、多功能厅、多媒体教室、礼堂等场所开展非遗传习活动。在已设立的100个传习所中,累计有2万平方米的使用面积用于开展传习活动、展示传习成果、存放非遗道具等,且配备电脑、投影仪、灯光、音响、视频展示台等电子教学设备78套。各传习所校方负责人均表示,只要是非遗传承需要的场地和设备,学校都会竭尽所能提供,不仅可用于传承人教授学生们非遗技艺,也可用于传承人进行理论研讨、创新制作、排练演出等活动。

(二)显著的教学成果

非遗进驻校园。在校园设立传习所后,传承人会结合学校区域位置、学生年龄、学校特色等多方面实际情况,开发具有自主性和创新性的课程内容。如在单弦牌子曲这一非遗项目传习活动中,庄河市新兴小学就结合庄河地区特色,创作了作品《美丽庄河》,多次参加各类比赛,收获一致好评。通过作品创作,非遗项目的内容得到了丰富;通过特色教学,学生们加深了对本土文化的了解,增强了文化自信。

通过非遗传习所,各类非遗项目深入校园,很多学校的学生通过刻苦地学习非遗项目,在各类比赛中多次取得优异成绩。如:2018年,瓦房店市新华小学非遗传习所的学生郑淇文,在辽宁省曲艺家协会主办的"辽宁省第六届少儿曲艺大赛"中凭借复州东北大鼓荣获优秀节目奖;2019年,庄河市新兴小学非遗传习所在"大连市第十三届中小学生文化艺术节"戏曲曲艺比赛中凭借单弦牌子曲荣获一等奖;2020年,大连市西岗区白云新村小学非遗传习所在"大连市中小学校武术比赛"中凭借燕青拳荣获6个单项一等奖、1个团体一等奖、1个团体二等奖的好成绩,该传习所已累计获得各类武术比赛金牌15块、银牌14块、铜牌15块。

很多学校将非遗传习作为校园优秀特色课程来发展,比如大连市甘井子区锦华小学非遗传习所学习的非遗项目庄河皮影戏,校内处处可见与皮影戏相关的制作、演出等资料,在全校形成了浓厚的皮影戏学习氛围。学校还组织学生创排了皮影戏新剧目《狼牙山五壮士》《校长妈妈的来信》等,在学习皮影戏的同时,还提高了学生的创作技巧;大连市甘井子区蓝城小学将庄河剪纸作为学校校本课程及美术课程来学习,学校定期组织剪纸比赛,鼓励全校师生共同参加,激发全校师生学习剪纸、学习非遗的热情;燕青拳作为西岗区白云新村小学非遗传习所、甘井子区沙岗子小学非遗传习所等多个学校的体育特色课程,让师生们在强身健体的同时,领略到了非遗的魅力。

(三)积极的社会影响

1. 辅助教师成为非遗学员,更利于非遗传播传承

在非遗传习所授课过程中,校方要委派教师辅助传承人授课。很多辅助教师在辅助授课时,对非遗项目产生了浓厚的兴趣,如复州东北大鼓瓦房店市新华小学非遗传习所的两位辅助教师朱禹亭、郭艳霞,已经正式向非遗代表性传承人陈世芳老师拜师学艺,并成为陈世芳老师众多学员中的优秀代表。朱禹亭老师还代表复州东北大鼓非遗传承人参加了国家艺术基金管理中心2019年度资助项目的培训活动。这些辅助教师本身是专业教师,不但拥有丰富的学科知识,更对教育传播、课程讲解具有相当的经验。因此,辅助教师能够更快、更好地掌握非遗项目的核心技艺,并能用专业的讲解传授非遗技艺。

2. 以点带面，让更多社会群体了解非遗

非遗传习所的课程不仅引领学生们学习非遗技艺，体验非遗魅力，还带动了学生家长等更多社会群体了解非遗项目，向更多群体普及非遗知识，增强文化自信。

3. 校园成为非遗传承活动阵地

非遗传习所使非遗有机地融入学生们的日常学习生活中，实现了非遗保护与学生文化教育的有效衔接。同时，也将校园开辟成了非遗传承、传播的主要阵地，为非遗传承工作开展提供了场地、人员、设施等便利条件。

四、结语

未来，大连市非物质文化遗产保护中心将在巩固已建传习所的基础上，不断扩大传习所范围，并形成"小学＋中学"长效学习模式，让学生在小学学习非遗项目的基础上在对口中学继续深入学习，培养更多优秀、专业的"小小传承人"。

在传习所设立和管理过程中，相关部门将进一步完善各类机制及授课内容、授课形式，不断开展各类特色课程，使传习所教学传承活动更加科学化、系统化、长效化、专业化，不断培养和增强青少年群体的本土文化认同感，形成人人了解非遗、人人学习非遗、人人保护非遗、人人传承非遗的良好局面。

参考文献

[1] 林继富，王祺．非物质文化遗产保护领域的"两创"实践研究 [J]. 中国非物质文化遗产，2022(2):14–30.

[2] 韦於坊，莫幼政．"非遗"进校园传承模式研究——以广西马山县加方初中壮族"打扁担"为例 [J]. 歌海，2022(1)：93-98.

群众文化与地域文化的融合发展研究

群众文化与地域文化是社会文化的重要组成部分,它们对于社会的发展和个体的认同具有重要意义。然而,目前对群众文化与地域文化的研究还相对较少,尤其是对它们之间的关系和互动的研究还较为薄弱。因此,本节研究旨在深入探索群众文化与地域文化之间的关系,揭示地域文化对群众文化的影响以及群众文化对地域文化的反哺作用,进一步探讨群众文化与地域文化的互动与发展。

一、群众文化与地域文化的关系

首先,通过深入研究群众文化与地域文化的关系,可以更好地理解社会文化的多样性和复杂性。群众文化与地域文化作为社会文化的重要组成部分,对社会的发展和个体的认同具有重要意义。研究它们之间的关系,可以更好地把握社会文化的多元性和变化规律。

(一)群众文化与地域文化的概念及特点

1. 群众文化与地域文化的概念

群众文化是指广大群众在日常生活中形成的、具有普遍性和代表性的文化现象。它是人们职业外,自我参与、自我娱乐、自我开发的社会性文化,是以人民群众活动为主体,以自娱自教为主导,以满足自身精神生活需要为目的,以文化娱乐活动为主要内容的社会历史现象,是社会文化的重要组成部分,反映了社会群体的共同生活方式、价值观和审美情趣。

群众文化具有重要的社会功能,例如精神调节作用、知识普及作用、宣传教化作用、团结凝聚作用。它能够丰富人们的精神生活,缓解生活压力,提升人们的幸福感。

群众文化还能以寓教于乐的方式,传播社会正能量,弘扬社会主义核心价值观;群众文化还蕴含着丰富的知识信息,有助于提升人们的文化素养和知识水平;群众文化还能增强人们的归属感和认同感,促进社会的和谐稳定。

综上所述,群众文化是一种具有广泛群众基础、丰富内容和多样形式的社会性文化,它在满足人民群众精神生活需要、提升文化素养和审美能力、促进社会和谐稳定等方面发挥着重要作用。

地域文化是指某一地区在历史、地理和社会等因素的影响下,形成的独特文化现象,包括该地区的语言、宗教、风俗习惯、艺术表达等各个方面。它反映了该地区人民的特点和精神追求,是地域经济社会发展的重要组成部分。

地域文化的核心要素包括三点:

(1)地域性:地域文化是特定地域范围内的文化现象,具有鲜明的地域特色。这种特色往往与当地的自然环境、历史传承、社会结构等因素密切相关。

(2)历史性:地域文化的形成是一个长期的历史过程,它经历了时间的沉淀和积累,具有深厚的历史底蕴。

(3)独特性:由于地域、历史等因素的差异,不同地域的文化往往具有独特的风格和特点,这使得地域文化呈现出多样性和丰富性。

地域文化不仅是地域经济社会发展的重要组成部分,还是地方经济社会发展的窗口和品牌。它能够为地域经济发展提供精神动力、智力支持和文化氛围，同时通过与地域经济社会的相互融合，产生巨大的经济效益和社会效益。此外，地域文化还是推动文化交流与认同的重要载体，有助于增进不同地区人民之间的了解和友谊。

总之，地域文化是一个具有深厚历史底蕴、独特风格和丰富内涵的文化现象。它不仅是地域经济社会发展的重要组成部分，还是推动文化交流与认同的重要力量。

2. 群众文化与地域文化的特点

（1）群众文化具有以下几个特点：

群众文化具有普遍性。它是广大群众在日常生活中共同形成的文化现象，不受社会地位、经济条件和文化水平的限制。无论是城市还是农村、富裕阶层还是贫困阶层，都会参与到群众文化的创造和传播中。

群众文化具有代表性。群众文化是社会群体的集体创造和表达，代表了广大群众的生活态度、价值观和审美情趣。它反映了社会的多样性和变化，是社会文化的重要组成部分。

群众文化具有多样性。由于社会群体的差异和多样性，群众文化呈现出多种多样的形式和内容。不同地区、不同社会群体之间的群众文化存在着差异和特色，体现了地域性和个体差异。

群众文化具有活力和创造性。群众文化是社会群体的创造和表达，具有鲜明的生命力和创造力。它不断吸收新的元素和内容，与时俱进，反映了社会的变化和发展。

（2）地域文化具有以下几个特点：

地域文化具有独特性。不同地域之间存在着差异和特色，地域文化正是这种差异和特色的体现。地域文化通过地方的历史、地理、社会和经济等方面的差异，形成了独特的文化风貌和文化传统。

地域文化具有地方性。地域文化是地方社会的文化表达和文化认同，与特定的地理环境、社会结构和历史传统密切相关。它反映了地方社会的生活方式、价值观和审美情趣。

地域文化具有传承性。地域文化是地方社会的文化传统，通过代代相传的方式传承下来。

地域文化具有影响力。地域文化不仅影响着地方社会的文化生活和文化认同，也对外部社会产生影响。地域文化通过文化产品、文化活动和文化交流等方式，传播和影响着其他地域和社会。

（二）群众文化与地域文化之间的关系及互动

群众文化与地域文化之间存在着密切的关系，相互影响、相互塑造。

首先，地域文化对群众文化的影响体现在地理环境、历史和传统、社会经济等方面。地理环境对群众文化的塑造具有重要影响，不同地域的自然环境和地理条件会影响人们的生活方式、产业结构和文化习惯。历史和传统是地域文化的重要组成部分，地域的历史和传统会对群众文化产生深远影响。社会经济因素也是地域文化对群众文化影响的重要方面，不同地域的社会经济发展水平和产业结构会影响人们的生活方式、价值观和文化需求。

其次，群众文化对地域文化的影响主要体现在反哺作用方面。群众文化作为广大群众的文化表达和文化需求，会对地域文化产生影响。群众文化通过对地域文化的参与和创造，丰富和拓展了地域文化的内涵和形式。群众文化的创新和发展也为地域文化的传承和创新提供了新的动力和资源。

1.地域文化对群众文化的生发作用

地域文化对群众文化的影响是多方面的，包括地理环境、历史和传统、社会经济等方面。这些因素共同塑造了群众文化的特点和形态。

作为地域文化与群众文化间互动的核心纽带，地理环境的重要性不可小觑。在这广袤无边的地域空间里，每个地区都独具特色，饱含其独特的自然环境和地理条件。这种独特性深深地烙印在人们的日常生活、产业结构以及文化习性之中，从而对群众文化产生了恒久而深远的影响。

地理环境的差异导致不同地域的群众文化呈现出多样性和特色性。例如，山区地域的群众文化有着浓厚的农业和畜牧业色彩，海洋地区的群众文化则展现出海洋文化和海洋艺术的独特风貌。这种多样性和特色性不仅丰富了各个地区的文化形态，也为整个国家的文化建设和发展注入了源源不断的活力。

历史和传统是地域文化对群众文化产生深刻影响的关键所在。在那些古老而厚重的地域历史和传统之中积淀下来的丰厚底蕴和独特魅力，正以一种不易察觉的方式，悄然地对群众文化产生着深远且持久的影响。它们的存在，正在不断塑造群众文化的价值观，使其与时俱进，历久弥新。

社会经济因素是地域文化对群众文化影响的重要方面。不同地域的社会经济发展水平和产业结构会影响人们的生活方式、价值观和文化需求。首先，社会经济因素对群众文化的影响体现在生活方式和消费习惯上。其次，社会经济因素对群众文化的影响还体现在文化产业和文化创意产业的发展上。

2. 群众文化对地域文化的反哺作用

群众文化作为广大群众自发创造和参与的文化活动，具有鲜明的群众性和大众性特点。这种群众性和大众性使其与地域文化产生了紧密的联系，对地域文化具有反哺作用。群众文化对地域文化的反哺作用是指群众文化通过对地域文化的传承和创新，为地域文化注入新的活力和动力，推动地域文化的发展和更新。群众文化通过对地域文化的传承、保护，弘扬了地域文化的传统和特色。群众文化通过对地域文化的创新，推动了地域文化的发展和更新。群众文化通过对地域文化的参与，促进了地域文化的凝聚和发展。

综上所述，群众文化与地域文化之间存在着共生关系和积极的互动关系。群众文化与地域文化相互依存、相互促进，共同构成了社会文化的多样性和复杂性。在今后的发展中，应该进一步加强对群众文化和地域文化的保护和传承，促进二者的良性互动，为地方社会的文化繁荣和社会发展作出更大的贡献。

二、群众文化与地域文化融合发展的实践案例

群众文化与地域文化这种相互依存、相互促进的关系，使二者在互动中不断发展壮大，共同构成了一个丰富多彩的文化生态。非物质文化遗产与群众文化、地域文化有着极为密切的关系。

非物质文化遗产包含丰富的地域文化内涵。非物质文化遗产中的口头传统、表演艺术、社会习俗等，都是地域文化的重要表现形式。这些非物质文化遗产不仅反映了地域文化的历史变迁和发展，也展现了地域文化的独特魅力和价值。

非物质文化遗产是群众文化的重要组成部分。非物质文化遗产中的民间音乐、民间舞蹈、民间戏剧、民间美术等文化形式，在群众中广泛流传，深受群众喜爱，成为群众文化的重要表现形式。

以非物质文化遗产为例，许多传统手工艺、民间技艺和民俗活动都是通过群众文化的形式得以保存和传承的。这些非物质文化遗产不仅体现了地域文化的独特魅力，也成为当地人民群众文化自豪感和归属感的源泉。

同时，随着全球化的加速和互联网的普及，群众文化与地域文化之间的交流与融合也日益频繁，为文化的创新与发展提供了无限可能。因此，对非物质文化遗产优秀实践案例的探讨和研究，对群众文化与地域文化的融合发展研究有着极大的裨益。

例如景德镇古窑民俗博览区是国家级非物质文化遗产生产性保护示范基地、国家文化产业示范基地。它是全国唯一以陶瓷文化为主题的国家AAAAA级旅游景区，也是江西省第一个坐落于城市中心的国家AAAAA级旅游景区。景德镇古窑民俗博览区是一个集陶瓷文化展示、休闲体验、购物娱乐为一体的综合性旅游景区，是了解景德镇陶瓷文化和历史文化的绝佳去处。

景德镇的陶瓷民俗展示区以12栋明清古建筑为中心，有陶瓷民俗陈列、天后宫、祖师庙、瓷碑长廊、水上舞台瓷乐演奏等景观。这里展示了古代制瓷作坊及手工制瓷生产作业线，包括宋代龙窑、元代馒头窑、明代葫芦窑、清代景德镇窑等。景区内成体系的手工制瓷生产作业线及其"景德镇手工制瓷技艺""景德镇传统瓷窑作坊营造技艺"均获评国家级的非物质文化遗产。当地居民和外地游客可以在这里感受陶瓷文化的独特魅力，了解陶瓷的制作工艺和流程。景区每月都会举行常态化烧窑活动，游客可以亲手为古老的窑火添上一把柴，体验烧窑的乐趣。景区推出"陶瓷文化讲堂"，让游客在游览古窑的同时，更深入地了解景德镇陶瓷文化。

景德镇古窑民俗博览区不仅是一个旅游景区，更是一个群众文化的交流平台。该博览区经常举办各种文化活动，如陶瓷制作体验、陶瓷文化讲座等，为群众提供了展示自我、交流学习的机会。这些活动不仅丰富了群众的文化生活，也提升了他们的文化素养和审美能力。

此外，景德镇古窑民俗博览区也是地域文化的充分体现，它通过展示陶瓷文化、传承非物质文化遗产，将景德镇的地域文化特色展现在世界的面前，为来访者提供了一个全面了解景德镇地域文化的窗口，为景德镇陶瓷文化的传承与发展作出了重要贡献。

三、群众文化与地域文化融合发展策略

群众文化与地域文化的融合发展，无疑将在多个层面发挥出更大的作用和效能。因此，我们应该积极推动群众文化与地域文化的融合发展，为地方文化的繁荣和发展提供更多力量和支持。

（一）加强人才培养

1. 培养专业人才：通过举办培训班、邀请专家授课等方式，培养一批熟悉地域文化、懂得群众文化活动策划与组织的专业人才。

2. 引进外部人才：积极引进具有丰富经验和创新能力的外部人才，为地域文化与群众文化的融合发展注入新的活力。

（二）发掘地域文化特色

每个地区都有其独特的地域文化，这是群众文化活动的重要资源。在策划和组织群众文化活动时，应深入发掘和利用当地的地域文化资源，如历史名人、传统手工艺、民间故事等，将这些元素融入活动中，使活动更具地方特色和吸引力。

（三）创新发展形式

群众文化与地域文化的融合发展为文化创新提供了丰富的素材和灵感来源。在保留地域文化精髓的基础上，结合现代元素进行创新，可以策划出更多具有时代感和吸引力的文化产品和活动。

1. 举办传统节日活动：结合当地的传统节日，举办丰富多彩的庆祝活动，如庙会、灯会、龙舟赛等，让群众在活动中感受节日的气氛，同时传

承和发扬地域文化。

2.支持民间团体活动：鼓励和支持民间团体举办各种文化活动，如戏曲表演、民间艺术展览等，这些活动不仅可以丰富群众的业余生活，还可以促进地域文化的传播与交流。

（四）推动文旅融合

1.打造文化旅游景区：将地域文化元素融入旅游景区的规划和建设中，如景德镇古窑民俗博览区就是将陶瓷文化与旅游深度融合的典范。

2.开发文创产品：结合地域文化特色，开发具有地方特色的文创产品，如景德镇的陶瓷文创产品等，这些产品不仅可以满足游客的购物需求，还可以作为地域文化的传播载体。

群众文化与地域文化的融合发展，既是文化多样性的生动诠释，也是社会凝聚力的重要源泉。二者通过历史积淀与现代创新的交织，构建了兼具普遍性与独特性的文化生态。景德镇古窑民俗博览区等典型案例表明，当群众参与的文化活动与地域特色深度融合时，不仅能激活非遗的活态传承，还能通过文旅融合、节庆品牌等路径，将文化资源转化为经济动能与社会认同。群众文化以其广泛参与性为地域文化注入活力，地域文化则以其独特性为群众文化提供精神内核，形成"以民为本、以地铸魂"的共生模式。

然而，这一融合过程需警惕同质化与过度商业化对文化本真性的侵蚀。未来的发展应聚焦三个维度：一是深化特色挖掘，立足地方历史与传统，打造不可复制的文化IP；二是强化创新驱动，借助数字化技术、跨界合作等手段，推动文化表达形式与时俱进；三是完善协同机制，通过政策引导、社区参与和人才培养，构建政府、市场与民众共建共享的生态体系。希望群众文化与地域文化的互动能超越表层结合，实现从"文化输血"到"文化造血"的质变,为乡村振兴、城市更新及文化自信的构建提供持久动力。期待这一融合模式在守正创新中,书写传统文化与现代文明交相辉映的新篇章。

中华优秀传统文化与戏剧创作的融合与审思

我国优秀的传统文化是中华民族几千年文明的结晶,从中酝酿出的思想情感、信念信仰,成为每一个中国人在世界多元文化中立足的根基,也成为我们内心深处的自信与底蕴。从优秀传统文化中汲取的养分是戏剧创作源源不断、永不枯竭的源泉。千余年来,从种类繁多的戏曲,到当代话剧、小品、小戏等,优秀传统文化的持续注入,成为戏剧创作强大的内生动力,同时规制了戏剧创作的发展方向,对其产生了深远的影响。

戏剧创作在掌握了这些优秀的文化精髓后,将它们应用到实际演出中,为观众生动形象地再现剧本中的情节。优秀的戏剧创作者应当以对人类心理的深刻分析为基石,通过深入挖掘传统文化的内涵,在创作实践中实现传统文化与创作本体的有机融合。创作不仅深切关注人类的精神世界,还通过外部的艺术手段将精神世界呈现给每一位观众。优秀的戏剧创作通过深耕传统文化内涵,塑造出鲜活饱满的外在形象,让传统文化更加富有生命力。因此,观众在观看戏剧时,会不知不觉地被戏剧带入一个忘我的状态之中,走进一个全新的人物精神世界。

一、传统文化与戏剧创作之间的关系

(一)对传统文化与戏剧创作关系的认知和理解

戏剧是一门强调表现能力的艺术。戏剧创作通过舞台上人物形象的塑造、情节主题的设置,令观众感同身受,产生共鸣。也就是说,创作的实质是由人类的意识主导的，是一种自然而然的思想与意识的流露行为。

从广义上说，很多优秀的戏剧作品本身就是中华优秀传统文化的重要组成部分，成为时代的经典，滋养着一代代的中华儿女。从个体的角度出发，传统文化与戏剧是相互独立的存在。在传统文化与戏剧之间需要一个桥梁，将二者毫不违和地结合在一起。这个桥梁便是创作。通过艺术创作与加工，戏剧与传统文化建立联系，反馈传统文化想要传递的思想道德与价值观。因此，戏剧创作与传统文化既是独立又是共生的。在戏剧创作的过程当中，只有深入挖掘传统文化与人物内心世界以及精神情感之间的内在联系，才能让戏剧创作更加丰富立体，使人物形象跃然纸上。因此，在传统文化与戏剧创作之间必然会存在一定的融合关系。

（二）建立传统文化与戏剧创作之间的有机联系

传统文化是民族精神的根脉，积淀着一个民族最深层的精神追求与审美理想，而戏剧作为综合性艺术形式，是传统文化传承创新的重要载体。建立二者间的有机联系，本质上是为戏剧创作注入文化灵魂，同时赋予传统文化新的时代生命力。

传统文化为戏剧创作提供了丰沃的素材土壤与精神源泉。浩如烟海的典籍故事、口耳相传的民间传说、博大精深的哲学思想，都蕴含着独特的东方美学与价值观。无论是历史故事中的家国情怀，神话传说里的浪漫想象，还是传统节日中的民俗风情，都能成为戏剧创作的灵感来源。这些文化基因不仅赋予戏剧深厚的历史纵深感，更能唤起观众共同的文化记忆，实现情感共鸣。

在艺术表达层面，传统文化为戏剧创作提供了多元的表现形式与审美范式。戏曲中虚实相生的舞台美学、程式化的表演体系，传统音乐中独特的韵律节奏，书法绘画中讲究的留白意境，都能为现代戏剧创作提供创新思路。将这些艺术精髓与当代戏剧的表现手法相结合，既能突破传统戏剧创作的固有模式，又能塑造出具有东方美学特质的舞台风格。

要实现二者的有机融合，创作者需以现代视角重新解读传统文化，避免简单的元素拼贴与形式复刻。通过对传统文化的创造性转化与创新性发展，将其精神内核与当代社会的价值诉求、审美趋势相融合，才能创作出既有文化厚度又具时代温度的戏剧作品。当传统文化真正融入戏剧创作的肌理，戏剧便能成为连接历史与当下的桥梁，在传承中创新，在创新中延续民族文化的血脉，实现传统文化与戏剧艺术的共生共荣。

二、在戏剧创作中融入中华优秀传统文化精神

（一）传统文化与戏剧人物塑造的关系

戏剧创作要想成功地传递和表现中华优秀传统文化，必须要根据剧本的描述对人物作出准确的理解，融入中华优秀传统文化的思想意识，然后通过艺术创作来塑造出一个个鲜活的人物形象。创作者在对想要呈现的文化精神作出深入的理解之后，进一步弄清人物的本质，构思出人物的行为，与剧中的故事、事件和背景进行充分的融合，实现人物内外的合理统一，才能创造出符合创作者意图的理想人物。

在独特的人物性格处理过程当中，戏剧创作者可以根据自身对中华优秀传统文化的理解，加入一些细节性和标识性的处理，也可以将自身独特的情感表达方式融入其中，确保人物的塑造能够更加彰显个性的魅力，体现美学创作的原则。比如台词、形体等外部塑造和刻画的技巧在戏剧人物的构建中是不可缺少的支撑。无论戏剧人物的内心世界刻画得多么饱满和丰盈，如果没有将其外化的手段，那么一切仍是虚无。

也就是说，即使戏剧创作者对中华优秀传统文化的内核有较深的感悟，

在戏剧创作时仍然需要借助外部的技巧来对人物的特征和内心世界进行展示。传统文化的精神内核在进行戏剧创作时需要借助戏剧创作的外部技巧来加以体现，从而达到戏剧本体与传统文化精神的融合。

（二）在戏剧创作中强化地域文化的作用

地域文化作为传统文化必不可少的组成部分，是一个地区独特文化的代表。创作区域化、本土化的戏剧是对地方历史、文化、精神的综合展现，是传承和发扬中华优秀传统文化的重要力量。创作地方本土戏剧必须要对该区域的文化有深入的了解，并进行有效的消化和转化。在保留本土文化内核的基础上，进行戏剧的创作和创新。

在本土戏剧的创作中，地域文化是本土戏剧的首要精神内质和创作源泉，本土戏剧是对地方文化和地方风貌的艺术体现。在这个基础上，本土戏剧便具有了独特性、唯一性的艺术特点。它们都根植于独特的文化土壤，具有不可复制的文化基因。这种建立在地方文化差异之上的戏剧创作，在新时代背景下，肩负着传承、发扬和保护中华优秀传统文化的重任。然而，在全球文化趋同化的大潮之下，地域文化的独特性受到了强烈的冲击，本土戏剧所面临的困境及其本身发展具有的局限性和趋同性使地方戏剧遇到了前所未有的挑战。因此，本土戏剧的保护、创作与发展就愈发重要。既要继承传统，又不墨守成规地对地方文化、地方戏剧进行艺术转化与创新，才能使本土戏剧不被时代的潮流摒弃和淘汰。

三、繁荣戏剧创作，促进中华优秀传统文化的传承与发扬

（一）传播积极正向的文化价值观

传承千年的中华优秀传统文化如同血液中的养分一般滋养着一代代中华儿女，在我们的身上打下独有的文化烙印。戏剧作为一种艺术载体和媒

介，将优秀的文化基因不断地传承下去。因此，繁荣和发展戏剧创作是非常必要的。戏剧将中华优秀传统文化的精髓进行艺术加工，折射出不同时期的社会形态、不同层面的人物特性、不同年代的价值变迁，抒发出老百姓丰富的思想感情以及对美好生活的向往和憧憬。

中国文化的DNA在潜移默化中不断发挥着作用和影响，如《窦娥冤》里不屈的斗争精神，《花木兰》里孝顺善良保家卫国的战斗精神，《霸王别姬》《文成公主》等对不同时期历史文化的拾忆，《白蛇传》《牡丹亭》《西厢记》中主人公对爱情的忠贞和热烈的追求。这些主流价值观在经典戏剧中都有丰富的体现，表现出剧中人物真善美的情操，使观众的心灵得到净化，提升了国民素质，对中华优秀传统文化精神的传承起到积极的推动作用。

（二）增强文化自信

文化自信是一个民族、一个国家以及一个政党对自身所拥有的文化价值的充分肯定和积极践行，并对其文化的生命力保持坚定的信心和发展的希望。党的十八大以来，习近平总书记反复强调文化自信的重要性，并指出文化自信成为继道路自信、理论自信和制度自信之后中国特色社会主义的"第四个自信"。中华优秀传统文化正是中国文化自信的源泉和底气，是穿越千年激荡沉淀下来的文化精髓，是中华民族的根与魂。弘扬中华优秀传统文化可以增强我们对本国文化的坚定信念，使我国人民昂首于纷繁多元的世界文化面前。

戏剧作为中华传统文化的重要组成部分，更应该坚守传统文化的阵地，把优秀的文化精髓和内核应用到戏剧创作的领域。那些经典的戏剧无一不是经过历史的浪潮淘沙见金，一代代流传下去。无论是被时代歌咏的经典人物，还是千古传诵的戏词金句，抑或是戏剧本身蕴含的文学意味，都是中华优秀传统文化版图上的珍宝，弥足珍贵且历久弥新。因此，发展繁荣和提升戏剧创作，尤其是地方戏剧，就是对民族文化的延续与传承。在当今文化多元的时代背景下，戏剧创作也必须与时俱进，紧跟时代的脚步。戏剧本身无论在内容创作或是表演形式上都应该进行有效的整合，将传统的与现代的、民间的与国际的相互融合、相互转换，创作和演绎出与时代共频的优秀的戏剧作品。戏剧创作者要明确戏剧艺术的发展方向，拓宽戏剧艺术的发展空间，更好地把中华民族的精神内核守护和传承下去。

综上所述，中华优秀传统文化基因是戏剧创作和发展的重要基础，戏剧创作的繁荣发展又能促进优秀传统文化的持久传承和延续。一名优秀的戏剧艺术创作者，不仅要在舞台上呈现出高质量的作品，更应不断地提高自我的修养和创作的能力，肩负起塑造经典、传承文化的高尚职责，将更多更好的舞台艺术作品奉献给观众。

参考文献

[1] 骆文伟. 中国传统文化概论 [M]. 北京：清华大学出版社，2019.

[2] 大连市艺术研究所剧作理论研究组. 剧作艺术论 [M]. 北京：文化艺术出版社，1990.

[3] 刘成璐，梁秀文. 中华优秀传统文化提升文化自信实践理路研究 [J]. 湖北经济学院学报：人文社会科学版，2023(1)：24–28.

传统地方戏曲的当代价值与时代精神

传统地方戏曲是中国丰富多彩的文化瑰宝中的一颗明珠，凝结了千百年来各地区和各民族人民的智慧和创造力。然而，在全球化、现代化浪潮的冲击下，传统地方戏曲同很多其他传统文化形式一样遭遇到了前所未有的挑战。年轻一代的观众接触更多的是网络上层出不穷的新媒体平台，传统地方戏曲的受众逐渐减少，戏曲剧团也面临着生存压力。

党的十九大报告指出，文化自信是一个国家、一个民族发展中更基本、更深沉、更持久的力量。它是凝聚民族共识，壮大民族灵魂的允要条件。传统地方戏曲作为中国文化的瑰宝之一，其弘扬和传承不仅具有深远的历史文化价值，更有着与新时代精神相契合，弘扬社会主义核心价值观的现实意义。

因此，探讨传统地方戏曲在新时代背景下如何发展和完善自身，弘扬社会主义核心价值观，以及分析其在文化传承、社会教育、价值引导等方面的作用和意义具有重要的价值和意义。通过深入研究和思考，我们可以更好地理解传统地方戏曲的价值，推动其在新时代的传承和发展，为中华文化的繁荣贡献力量，为社会主义核心价值观的传播和践行助力。

一、坚持以人民为中心，反映人民生活

（一）传统地方戏曲的人民性

传统地方戏曲自诞生之日起，便深刻扎根于中国大地，贴近普通百姓

的生活，是一种真正的人民艺术。戏曲的观众大多是普通百姓。因此，戏曲艺术家和编剧们常常将人民的关切和需求贯穿于他们的作品之中。这种人民性让戏曲成为一种直接反映社会生活、传递社会信息、反映民间习俗和情感的艺术形式。地方戏曲对人民性的坚持是其发展的内生动力和永不枯竭的创作源泉。坚持以人民为中心，以反映人民生活为主要方向的地方戏曲具有更加长久的生命力。

（二）在塑造典型人物中凸显时代精神

传统地方戏曲的生命力同样与典型人物的塑造息息相关。

在新时代背景下，戏曲创作将关注点更多地聚焦在人民的生活之中，使地方戏曲艺术生发于民间，回馈于民间。这意味着创作者需要深入了解当下人民的生活状态、情感需求以及社会问题，塑造丰富饱满的典型人物形象，展现出人民群众在面对时代挑战时的坚韧、智慧和奋斗精神。这些典型人物可以是英雄人物，也可以是普通人，他们的故事和经历能够引发观众的共鸣，增强人们对新时代的认同感和归属感，激发正能量，让人民群众能积极地应对生活中面临的各种困难与阻碍。

（三）探索人民喜闻乐见的创作

以人民为中心的创作，必须以人民的喜好和意愿为创作初心和出发点。为了更好地传承和发展传统地方戏曲，深入地了解人民的喜好和文化需求成为重中之重。富有现实感和时代感、结合当代题材和社会问题、与百姓生活紧密相连的主题往往受到人民的追捧和喜爱。这样的剧目让观众在欣赏传统地方戏曲的同时，能够产生共鸣，接受和理解剧目想要传递的社会主义核心价值观。对人民群众喜好的探索不仅可以丰富戏曲的题材和表现形式，还可以吸引更多年轻观众的注意，促进戏曲艺术长足的发展。

总之，坚持以人民为中心的创作导向是传统地方戏曲反映和弘扬社会主义核心价值观的重要途径。反映人民生活、以人物塑造为切入点、探索人民喜闻乐见的戏曲作品，可以使戏曲艺术更好地与时代精神相融合，为中华优秀传统文化的传承和创新贡献力量。

二、沿袭传统文化，发扬地域特色

（一）传统文化在戏曲中的体现

地方戏曲一直以来都是中华文化宝库中的瑰宝，承载着丰富的传统文化内涵。传统文化不仅体现在戏曲剧本中，还体现在演员的表演技巧、舞台设计、音乐伴奏等各个方面。传统地方戏曲的剧本常常汲取中国古代文学、历史故事、神话传说等丰富的传统文化元素。这些元素在戏曲中得以生动再现，让观众在欣赏戏曲的同时，也能够感受到传统文化的深厚底蕴。例如，经典的越剧剧目《红楼梦》就是基于中国文学巅峰之一的同名小说改编而成，通过戏曲的表现形式，将小说中的人物和情节生动地呈现在观众面前。演员的表演技巧和台词也常常融入中华优秀传统文化的精髓。戏曲表演强调情感的传达和角色的刻画，演员需要通过表情、动作、声音等多种方式来诠释角色。这种表演方式常常受到中华优秀传统文化中的表演艺术、文人雅士的审美情趣等影响，使得戏曲表演更具中国传统文化的特色。

（二）地域特色与戏曲创作的结合

在中国广袤的土地上，各地都孕育着独具特色的地域文化。在地方戏曲创作中，地域特色常常得以充分发挥，使得不同地方的戏曲风格独树一帜。这种地域特色不仅在剧本题材中有所体现，还体现在音乐、服饰、舞蹈等方面。不同地方的戏曲都有自己独特的表演传统和艺术特点，这些特点常常受到地域文化的影响，有的豪放，有的婉约，有的刚劲。戏曲创作在融入社会主义核心价值观的同时,仍要注重保持戏曲的地域特色,使其更具文化认同感和艺术独特性。

(三)传统地方戏曲的传承与创新

传统地方戏曲的传承与创新是一个重要课题。在新时代背景下,戏曲艺术需要在传统文化的基础上进行创新,以适应现代观众的需求。这就需要戏曲创作者不仅要继承传统,还要敢于创新,将传统元素与现代审美相结合,创造出既有传统特色又有现代感的戏曲作品。传统地方戏曲的传承与创新也涉及戏曲教育的问题。培养新一代的戏曲人才,需要注重传统技艺的传承,同时也要为学生提供开阔的思维和创新空间,让他们能够在传统基础上有所突破和发展。

总之,融入中华优秀传统文化和体现地域特色是传统地方戏曲弘扬社会主义核心价值观的重要手段。传统文化在戏曲中的体现、地域特色与戏曲创作的结合以及传统地方戏曲的传承与创新都为戏曲艺术在新时代的发展提供了丰富的资源和可能性。

三、弘扬时代主题,引领时代精神

传统地方戏曲作为一门具有深厚历史文化底蕴的艺术形式,一直以来都在不断地与当代社会主题进行对接,以紧扣社会发展的脉搏。当前,传统地方戏曲的创作者和演员们积极响应党和国家的号召,将时代主题融入戏曲创作中,与时俱进,体现着戏曲在弘扬社会主义核心价值观中的重要作用。

(一)探讨当代社会问题

很多地方戏曲都在努力积极地探讨当代社会问题,如城市化进程、环境保护、医疗教育、家庭关系、住房就业等。通过这些戏曲作品,观众可以在戏曲的艺术享受中，感受到创作者对社会问题的关切。

地方戏曲作为一种传统艺术形式，在传递时事信息时有其独特的特点。它通过音乐、唱词、表演等多种艺术元素的完美配合，令剧目的主题思想深入人心，触动观众的情感。同时，戏曲作品通过戏曲人物的塑造和情节的编排，使其表现的当代社会问题更加具体和生动，更容易引发观众的共鸣。

（二）引发社会关注和思考

戏曲演出不仅仅是一场娱乐，更是一次社会问题的讨论。传统地方戏曲的主题中常常反映时事热点，如自然灾害、社会事件、文化传承等。这些戏曲作品通过表演、唱词等艺术元素，将社会事件引入剧情，使这些时事问题更容易被观众所关注。

通过丰富多样的手段，传统地方戏曲在表演和演出中将社会事件融入戏剧中，从而引导观众更加深入地关注和理解剧目想要反映的问题。这种实践有助于传统地方戏曲与当代社会主题的有机结合，强化了其在社会中的重要作用。以铁岭秧歌戏《百合芬芳》为例，该剧以凌源百合产业发展振兴为背景，通过普通花农任百合一家的生活故事，展现了辽西人民的善良、坚贞、正义、纯洁的百合精神和品质。这部作品突出了在物质生活脱贫致富的同时，如何让人民的思想精神也"脱贫致富"的重要主题。

一部成功的地方戏曲作品，往往融入许多社会热点和时事，能够在社会上引起广泛的关注和讨论。观众通过观看戏曲了解到社会问题的多样性，也会对社会事件产生更多的思考。这些戏曲作品的社会影响力，进一步证明了戏曲在反映时事问题、引发社会关注和思考中的重要作用。

（三）社会影响力与责任担当

地方戏曲创作者、表演者和戏曲作品本身都具有社会影响力和社会责任,在树立良好形象和积极价值观方面具有重要作用。戏曲创作者在融入时代主题、与时俱进的过程中,不仅仅是艺术创作,还肩负着社会责任。他们需要深入了解社会问题,关注社会热点,通过自己的创作表达对社会问题的关切和思考。他们努力为观众提供全面的社会信息,引导观众进行深刻的思考。

戏曲演员们常常积极参与社会公益活动,如慈善演出、文化传承项目、教育活动等。他们通过地方戏曲艺术的表演和传播,为社会问题的解决和文化传承贡献了力量。例如,在自然灾害发生时,一些戏曲演员会组织慈善演出,筹集善款来支持灾区救助工作。这种社会参与行为不仅体现了戏曲演员们的社会责任感,也为戏曲艺术赋予了更多的社会意义。

一些杰出和知名的地方戏曲作品通过自身的知名度和广泛的受众,影响和作用于整个社会,引导社会舆论,聚焦社会问题,推动时代观念的传播。

总之,传统地方戏曲作为一门古老而珍贵的艺术形式,其与当代社会主题的紧密对接不仅有助于传统文化的传承和发展,还能够为社会提供丰厚的精神滋养。其意义和价值不仅体现在戏曲发展本身,对国家和社会的发展也有重要贡献,更为人们提供了一个了解和思考社会问题的窗口。

结语

传统地方戏曲作为中国优秀的文化宝藏,具有弘扬时代精神的重要使命和责任。地方戏曲的人民性令其源于人民生活,并反映着人民的情感需求。地方戏曲通过深入挖掘人民生活中的故事和情感,更好地贴近大众,引起共鸣。

独具特色的地域文化与地方戏曲的相互融合将传统文化和地域特色传承下去的同时,也完成了各自的华丽转身和升华。与当代主题相结合并反映人民关切的社会问题,是传统地方戏曲在新时代强大而有力的艺术表达。它在深刻讨论当代社会问题的同时,引导观众积极思考,激发出社会的共鸣和能量。

未来,传统地方戏曲需要更多的关注、支持和创新,它将继续为中华优秀传统文化的传承与发展贡献力量,持续释放其当代价值,丰富人民的精神文化生活。

第二部分　多元与突破：大众文化的文艺延展

感悟六地精神，凝聚振兴力量
——思政剧《光荣·梦想》的红色叙事

　　文化是国家和民族之魂。辽宁省是红色资源大省，深入学习贯彻党的二十大精神，赓续辽宁红色血脉、彰显辽宁红色底蕴是思政剧《光荣·梦想》创演的初衷。该剧是近年来辽宁省思政类优秀剧目，思想性突出，荣获多项奖励。

　　《光荣·梦想》以大学生"行走的思政课"的形式，通过展示"辽宁六地"——"抗日战争起始地""解放战争转折地""新中国国歌素材地""抗美援朝出征地""共和国工业奠基地""雷锋精神发祥地"的恢宏历史，充分发掘辽宁丰富的红色历史资源，将艺术实践与思政教育有机结合，为观众带来了跨越时空的红色记忆和弥足珍贵的红色洗礼。

一、以思政为题材，以舞台为课堂

　　思政，是社会或社会群体用一定政治观点、道德规范对其成员施加有目的、有计划、有组织的影响，使他们形成符合一定社会要求的思想品德的社会实践活动；是国家在军队以及国家教育系统中所进行的马克思列宁主义理论教育，党的路线、方针、政策教育，爱国主义、国际主义和革命传统教育，使观众了解并掌握中国特色社会主义理论的基本内容，树立辩证唯物主义和历史唯物主义的世界观，并转化为拥护党、拥护社会主义的实际行动，培养现代社会的公民意识。若将上述对思政的解释固化地置入冰冷的课本、繁杂的课件中予以传授，想必很难达到预期的教育目的。《光荣·梦想》一剧"依剧言思"，以舞台剧为载体，成为更加鲜活的课本，以生动的人物形象、感人至深的故事情节为依托，鲜明、直观地将其想要传达的思政主题展现给观众，引人入胜且发人深省。同时，其又不给人留以刻板教化的印象及被动接受的负担，使人更易理解、更愿相信、更能接受、更趋共鸣。

二、丰富的艺术表现形式

《光荣·梦想》一剧的艺术形式或艺术门类该如何界定？剧中既有话剧的对白，又有舞剧的现代舞、民族民间舞等舞蹈要素；既有歌剧的美声唱法、宣叙调的展现，又有音乐剧故事性强、唱法通俗的特点。除此之外，管弦乐、合唱、朗诵等艺术形式亦间歇穿插于其中，这可能是《光荣·梦想》被定义为思政剧，而非思政某某剧（音乐剧、舞剧）的原因。但总而言之，该剧的最终呈现，就是一部将多种艺术形式融为一体的、综合性的舞台剧。笔者认为，这种难以界定的、综合性的艺术表达形式，杂而不乱、繁而不烦，看似单摆浮搁，实则丰富灵动。它非但没有影响该剧的整体艺术呈现效果，反而在很大程度上提升了其表现力及感染力。因为，正是这种综合的艺术形式构成，最大限度地满足了不同爱好、不同品位的受众的需求，让更多人可以根据自身的艺术兴趣点，从中获得艺术的享受，并借此摆脱枯燥的思政学习形式及过程的束缚，进而达到"学与教"同享其果的目的。

三、红色剧情的叙事矩阵

《光荣·梦想》是一部引人深思的红色思政剧，以片段的形式构成整剧的叙事矩阵，充分再现了那个热血沸腾、激荡人心的红色年代。通过生动的故事和鲜明的角色，该剧深刻地探讨了信念、责任、无私、忠诚等主题，引人反思当下的我们该如何继承和发扬这些伟大的精神。

《光荣·梦想》一剧或许是受到了近年来较为成功的电影，如《我和我的祖国》《我和我的父辈》等启发，其将片段连缀的剧情展现形式搬上了戏剧舞台。无论借鉴与否，该剧采取此种呈现形式都是极为巧妙、极为贴切的。六地，六个故事；六个故事，六处感动；六处感动，六段思量。与此同时，以六个故事作为依托，更能加深观众对六地的理解与记忆。若将辽宁六地当作生硬概念来进行死记硬背，那显然难记又易忘，但将其与剧相结合，效果则截然不同。也许你记不清"抗日战争起始地"，但九位爱国志士冒死签名向国际联盟呈交日寇野蛮行径的调查报告及舍小家求大义的情景会提示你；记不清"解放战争转折地"，但辽宁人民支援前线的火热情景及母亲的三个儿子全部牺牲的情景会提示你；记不清"新中国国歌素材地"，但义勇军战士殊死战斗及高唱《义勇军进行曲》的情景会提示你；记不清"抗美援朝出征地"，但志愿军战士雄赳赳气昂昂跨过鸭绿江及江边一对恋人洒泪分别的情景会提示你；记不清"共和国工业奠基地"，但共和国的第一枚金属国徽制成的艰辛及辽宁工人支援三线建设的情景会提示你；记不清"雷锋精神发祥地"，但雷锋同志与其精神继承者们隔空对话及深情嘱托的情境会提示你……如是种种，便是对辽宁"六地"再好、再直接不过的诠释，以及对其欲表达的思政主题的成功展现。《光荣·梦想》带领观众重温红色历史，以慨当以慷的英雄气概凝聚起奋进新时代的磅礴精神力量。

《光荣·梦想》的创作者们在创作过程中，充分发挥了其独特的构思能力。他们以小人物折射大时代,通过小视角展示大发展,巧妙地避免了创作过程中可能出现的压抑感和沉重感。他们在采风、调研和查阅历史资料的基础上,对辽宁"六地"红色文化精髓有了深刻把握,从历史过往中打捞出有价值的、有代表性的事件,将部分内容通过符合历史真实的方式进行合理的编写,最终生动鲜活地呈现在舞台之上。这些典型人物的塑造和呈现,体现了辽宁人的信仰和追求,同时也展示出他们鲜明的时代底蕴和特色。

例如,"雷锋精神发祥地"的构思就十分精巧。以雷锋的书信为创作灵感,让当代青年与雷锋精神产生了共鸣。舞台上设置的两个表演区,仿佛是雷锋在与当代青年进行对话,这不仅将雷锋精神的传承展现得淋漓尽致,同时也凸显了当代青年对雷锋价值观、社会责任感和无私奉献精神的弘扬和追求。这一类题材在舞台呈现中具有重要的社会意义。

四、以音乐和舞蹈抒发红色情感

《光荣·梦想》一剧中的音乐给人留下了深刻的印象,为红色主题的呈现提供了有力的支撑。深情激昂的旋律和舞蹈将红色精神转化为一种无形的力量,令观众能够更加直观和深入地理解剧中人物的内心世界,感受他们为理想而奋斗的坚定信念。

剧中除使用了多种声乐、器乐形式及精心谱曲之外,还不时穿插了为数不少的观众耳熟能详的亲切旋律。如"解放战争转折地"一幕中的《摇篮曲》变奏,寄托了母亲对即将奔赴战场的儿子的不舍与牵挂;"新中国国歌素材地"一幕中的《义勇军进行曲》,唱出了抗战的无比艰辛与血雨腥风;"抗美援朝出征地"一幕中的《中国人民志愿军战歌》,彰显了激情豪迈的斗志与不惧艰险的勇气；"共和国工业奠基地"一幕中的《春节序曲》，则奏出了幸福生活的祥和与安宁。这些曲目的运用，勾起了观众的回忆，引发了他们的共鸣。另外，该剧管弦乐队及合唱队的安置形式亦不多见。在充分利用舞台纵深的基础上，将乐队安放于舞台中心偏后区域，合唱队分置于乐队左、右两侧，一改传统的乐池安置形式，令人耳目一新。同时，整个乐队、合唱队及指挥在半透明的大幕后若隐若现，给人的感觉不仅是不混乱、不违和，反而在一定程度上提升了剧目的视觉张力。

《光荣·梦想》一剧中的舞蹈形式多样，在某些片段中起背景作用，但其绝非像一般剧目（除舞剧、歌舞剧外）中完全的陪衬及点缀。以"抗美援朝出征地"一幕为例，其中所使用的朝鲜族长鼓舞就绝非烘托气氛之器，而俨然是贯穿整幕的线索，实属精妙。从鸭绿江边一对恋人分别，赶着渡江参战的未婚夫战士未来得及欣赏未婚妻为他跳舞时埋下伏笔；到未婚夫战死沙场，剧中并未展现其牺牲的画面，取而代之的是心有所感的未婚妻正值此刻不由自主地竭力跳舞的画面；再到战争胜利，未婚妻盼望爱人回家，佳人翩翩起舞。一通鼓响，便是十年，七通鼓响，世间已度七十个春秋。青丝盼成了白发，少女等成了媪妪，思念之人仍未归。这里展现的英雄的无畏、爱人的忠贞，令人折服、令人动容。如上，舞蹈的线索作用重要至极，可谓"无舞不成该篇"。

五、现代科技与红色叙事的巧妙结合

思政剧《光荣·梦想》中的舞美设计精益求精，无疑是该剧中一处精心打造的亮点。首先，舞美师巧妙地运用了红色主题，将之贯穿于整个舞台的视觉呈现，为观众带来了强烈的视觉冲击。红色，象征着热血、激情和革命，它是中国历史中不可或缺的颜色。在《光荣·梦想》中，舞美师在剧中穿插红色元素，营造出一种激昂、奋进的氛围，让观众仿佛置身于那个波澜壮阔的革命年代。舞台背景间或呈现出一片鲜艳的红色，犹如烈火燃烧，又犹如战士们的鲜血，代表着革命的熊熊火焰和轰轰烈烈的生命底色。灯光师运用了各种光影效果，将红色主题渲染得更加鲜明。当演员们在舞台上激情演绎时，红色灯光铺满整个舞台，为观众带来强烈的视觉冲击，完美地将该剧的红色主题推向高潮。

该剧背景LED的灵活使用效果也非常突出。通常情况下，背景LED在剧中的作用主要体现在展示配合剧情的视频、定板图片、旁白文字介绍等。总而言之，其核心功用只在于陪衬与烘托。而在《光荣·梦想》中，背景LED既起到了上述的功用，但又不仅限于此。如"抗日战争起始地"一幕的最后，九位革命志士在调查报告上签名的片段，巩天民等九个名字随着演员在空中有力地挥动着的手腕，逐一地、庄严地浮现在背景LED上，令人肃然起敬。此处背景LED的作用则完全不是陪衬，而是核心剧情进展的重要途径。

总的来说，《光荣·梦想》中的舞美设计，通过丰富的红色元素和灯光、道具、服装的配合，成功地营造出一种强烈的红色主题氛围，让观众更加深入地感受到中国革命的激情与荣耀。这种设计理念不仅增强了观众的观剧体验，也让《光荣·梦想》成为一部具有深刻思想内涵和艺术价值的优秀思政剧。

综上所述，大型舞台思政剧《光荣·梦想》是一部深挖红色文化底蕴，传承弘扬六地精神的优秀作品。剧中深刻的精神内涵、积蓄的振兴力量汇聚成宝贵的精神食粮。井冈山精神、长征精神、延安精神、西柏坡精神、抗美援朝精神和改革开放精神在剧中一一呈现。这些精神为中国的进步和发展提供了强大的内生动力。该剧不仅使观众深入了解了这些精神的内涵，更激发出人们在情感上的共鸣，令人感触颇深。

以艺术之光点亮思政之美
——思政剧里的中国故事与红色精神

红色精神是中国共产党领导中国人民在革命、建设和改革开放等各个时期所形成的优良传统和精神财富，它代表着中国先进文化的前进方向。思政剧作为近年来经常出现的艺术表现形式，承担着传递社会主义核心价值观、弘扬红色精神的重要任务。其作为一种重要的文化载体，在讲好中国故事，塑造红色精神方面具有不可替代的作用。

一、思政剧是讲好中国故事，塑造红色精神的重要载体

思政剧，全称为思想政治主题剧，是一种以思想政治教育为主要内容，以戏剧为表现形式的特殊题材的剧目。它通过戏剧化的手段，将思想政治教育的理念、内容、目标等方面融入剧情之中，旨在培养观众的思想政治意识，提高其思想道德素质。思政剧的产生和发展，源于思想政治教育在社会发展中的重要地位。随着社会的发展和进步，人们对精神文化生活的需求越来越高，而思想政治教育作为精神文明建设的重要组成部分，其重要性不言而喻。然而，传统的思想政治教育方式往往显得单调、枯燥，难以达到预期的教育效果。因此，以戏剧为表现形式的思政剧应运而生，它通过生动、形象、有趣的表现方式，吸引观众的眼球，让观众在欣赏剧情的同时，潜移默化地接受了思想政治教育。思政剧的内容涵盖了思想政治

教育的各个方面，包括爱国主义教育、集体主义教育、社会主义教育、理想信念教育、道德教育等。在剧中，这些抽象的教育内容被赋予了生动的形象和情境，让观众在情感共鸣中领悟其中的奥义。

思政剧作为一种独特的艺术形式，在当代社会中扮演着重要的角色。它不仅具有娱乐和教育功能，还为观众提供了思考和反思的空间。首先，思政剧具有明显的教育意义。通过生动的情节和鲜活的人物形象，思政剧能够有效地传递正能量和社会主义核心价值观。观众在观看思政剧时可以更深入地了解国家的历史、文化和价值观，增强民族自豪感和文化自信心，树立正确的世界观、人生观和价值观，提高思想道德素质和社会责任感。其次，思政剧具有广泛的社会价值。在当代社会，人们的思想观念和价值取向日益多元化，社会矛盾和问题也日益突出。通过观看思政剧，人们可以更深入地了解社会现实，激发对社会问题的关注和思考。同时，思政剧还可以促进社会和谐与进步，推动社会发展和进步。通过共同欣赏思政剧，不同阶层、不同文化背景的人们能够找到共同的价值追求和心灵共鸣。这种情感上的联系和认同，有助于增进社会的凝聚力和向心力，形成和谐的良好氛围。此外，思政剧还具有独特的审美价值。作为一种艺术形式，思政剧具有独特的艺术魅力和表现力。通过将精湛的演技、优美的画面和动人的音乐等结合，思政剧能够给观众带来美的享受和心灵的震撼，观众可以在欣赏剧情的同时，感受到人性的美好和生命的力量。

二、汲取中华优秀传统文化，赋能思政教育舞台

习近平总书记在文艺工作座谈会上的讲话（2014年）指出："中华优秀传统文化是中华民族的精神命脉，是涵养社会主义核心价值观的重要源泉，也是我们在世界文化激荡中站稳脚跟的坚实根基。"《在中国文联

十一大、中国作协十大开幕式上的讲话》（2021年）中进而首次明确指出："让中华优秀传统文化成为文艺创新的重要源泉。"

关于中华优秀传统文化，习近平总书记多次在重要场合发表深刻见解并给出明确指示，要深入挖掘和阐发中华优秀传统文化讲仁爱、重民本、守诚信、崇正义、尚和合、求大同的时代价值，使中华优秀传统文化成为涵养社会主义核心价值观的重要源泉。同时，还要求我们积极推动中华优秀传统文化创造性转化、创新性发展，使之与现代社会相适应，与现代文明相协调，赋予其新的时代内涵和现代表达形式。

中华传统文化源远流长，博大精深，其中蕴含着丰富的哲学思想、价值观、审美观念和道德规范，是中华民族的精神瑰宝。从中华优秀传统文化中汲取素材，是讲好中国故事，激活思政教育大舞台的基础与根本。深入挖掘传统文化，将优秀传统文化进行戏剧转化，可以让观众更好地了解中国的历史和文化，增强文化自信和民族自豪感。

思政剧作为当代中国的一种重要文化产品，其叙事方式深受中华传统文化的影响。这种影响不仅体现在故事的情节构造、人物设定等方面，更体现在对思想观念、价值取向的塑造上。首先，中国传统儒家文化对思政剧的叙事产生了显著的影响。儒家文化强调仁、义、礼、智、信等价值观，这些观念在思政剧中常常被用作人物行为和选择的准则。例如，许多思政剧中的主人公往往以仁爱、正义为行动的出发点，他们的行为符合儒家"君子喻于义，小人喻于利"的价值取向。同时，儒家对家庭、社会的责任感也在思政剧中得到充分体现，许多故事情节都以此为背景展开。其次，中国传统的历史文化也对思政剧的叙事产生了重要影响。中国的历史悠久，文化底蕴深厚，这为思政剧的创作提供了丰富的素材和灵感。许多故事情节、人物形象都取材于历史事件、历史人物，通过艺术加工，传递出强烈的思政信息。此外，中国传统道家思想对思政剧的叙事也有一定的影响。道家强调自然、无为、清净，提出回归自然、返璞归真等生活理念，这些理念在某些思政剧中被用来反思现代社会的问题。

三、以生动鲜活的叙事风格塑造激扬的红色精神

思政剧作为一种特殊的艺术形式，旨在通过戏剧化的手法，传达和弘扬社会主义核心价值观和红色精神。红色精神是中国共产党领导中国人民在革命、建设和改革开放各个时期所形成的伟大精神，它包含井冈山精神、长征精神、延安精神、西柏坡精神等。这些精神不仅是中国共产党人的精神支柱，也是中华民族的宝贵财富。思政剧在塑造红色精神方面有着独特的优势。首先，思政剧可以通过生动的情节和鲜活的人物形象，将红色精神的内涵和价值观传达给观众。通过戏剧化的表现手法，思政剧能够将红色精神的产生、发展和传承过程呈现得更加生动、形象和具体，让观众在欣赏剧情的同时，深入理解和体会红色精神的内涵和价值。其次，思政剧可以通过多样化的艺术手段，将红色精神与现实生活相结合，让观众在现实生活中也能够践行红色精神。例如，思政剧可以通过展示革命先烈的事迹和精神风貌，激发观众的爱国主义情感和民族自豪感；通过表现中国共产党领导下的人民群众的奋斗历程，弘扬团结、互助、奋斗的优良传统；通过展现改革开放的历程和成就，鼓励观众勇于创新、敢于担当的精神。此外，思政剧在塑造红色精神方面还需要注重思想性和艺术性的统一。在表现红色精神的同时，也要注重情节的合理安排和人物形象的生动刻画，让观众在欣赏剧情的同时，能够得到思想的启迪和艺术的享受。同时，思政剧也要不断创新表现手法和形式，以更加多样化的艺术手段呈现红色精神的内涵和价值。

在叙事手法上，思政剧常常将宏大叙事与微观叙事相结合，历史叙事与现实叙事相交织。不同的叙事方式相互补充、相互映衬，共同构成了思政剧的完整叙事，塑造红色精神。

宏大叙事是指从宏观的角度出发，以历史、政治、社会等大背景为依托，展现出时代的风云变幻和历史的进程。在思政剧中，宏大叙事通常表现为对重大历史事件的再现、对国家政策的解读以及对社会现象的剖析等。通过宏大叙事，观众可以更加全面地了解历史的发展和社会的进步，从而增强自己的历史意识和国家观念。而微观叙事则是从个体的角度出发，以人物的情感、命运、生活经历等为切入点，展现出人性的复杂和多样。在思政剧中，微观叙事通常表现为对人物内心世界的深入挖掘、对个体命运的关注以及对人际关系的研究等。通过微观叙事，观众可以更加深入地了解人物的内心世界和情感变化，从而更加深刻地理解社会的多样性和复杂性。将宏大叙事与微观叙事相结合，可以使思政剧更加完整、更加生动。宏观的角度展现出时代的风云变幻和历史的进程，可以使观众更加全面地了解历史的发展和社会的进步；而微观的角度展现出人性的复杂和多样，可以使观众更加深入地了解人物的内心世界和情感变化。二者相结合还可以相互补充、相互映衬，使叙事更加丰富、有力和生动。

历史叙事是思政剧的重要组成部分，它通过还原历史事件、塑造历史人物等方式，让观众了解过去，认识历史。在思政剧中，历史叙事不仅仅是简单的故事叙述，更是对历史的深刻反思和总结。它通过对历史的挖掘和分析，揭示出历史的规律和本质，引导观众树立正确的历史观。与历史叙事相比，现实叙事则是思政剧的另一特色。它通过生动鲜活的现实场景、真实感人的故事情节，让观众感受到生活的真实和社会的脉搏。在思政剧中，现实叙事不仅仅是简单的社会写照，更是对现实的批判和思考。它通过对现实的观察和反思，揭示出现实的矛盾和问题，引导观众树立正确的价值观。历史叙事与现实叙事的有机结合，是思政剧的独特魅力所在。这种结合不仅可以让剧情更加丰富、生动，而且可以让观众更加全面地了解历史和现实。通过历史叙事，观众可以深入了解过去的历史事件和人物，认识到历史的必然性和偶然性；通过现实叙事，观众可以更加清晰地看到社会的现状和问题，思考如何解决现实中的矛盾和困惑。在思政剧中，历史叙事与现实叙事的结合并不是简单的拼凑，而是有机的融合。这种融合需要创作者具备深刻的思想洞察力和艺术表现力，能够将历史的厚重感和现实的鲜活性完美地结合在一起，创造出具有思想深度和艺术高度的作品。

总之，思政剧在讲好中国故事、塑造红色精神方面具有重要的作用和意义。通过生动形象的人物塑造和多样化的艺术手段，思政剧将红色精神的内涵和价值观传达给观众，激发观众的爱国主义情感和民族自豪感，弘扬团结、互助、奋斗的优良传统，鼓励观众勇于创新、敢于担当。

大连曲艺界的一面旗帜——王玉岭

王玉岭，一位值得大连曲艺界永远怀念的曲艺家。在 20 世纪中叶，他不仅是大连家喻户晓的曲艺演唱大家，而且在新中国成立后的若干年里，也是大连曲艺界一面醒目的旗帜。

一、经历坎坷，艺途曲折

（一）最初学艺，挑起家庭重担

1909 年 3 月 24 日，王玉岭先生出生在河北景县一个贫苦的曲艺家庭，母亲和外祖父都是木板大鼓艺人。身为艺人的母亲深知当时艺人地位的卑微与学艺过程的艰辛，起初并不愿意让小玉岭继承父辈的手艺学说鼓书，但是由于家境十分贫困，9 岁时只读过一年私塾的王玉岭便不得不放弃学业，开始随母亲和外祖父在外学艺糊口。四处奔走、流浪说书的苦难经历虽然使小玉岭的童年缺少了很多色彩，但也正是这样的童年让王玉岭在后来的人生中学会了坚忍、执着与感恩。这一阶段对于他来说也是鼓书艺术的启蒙阶段，耳濡目染的生活环境孕育和滋养了王玉岭幼年模糊的说书梦。

后来，由于父亲的突然离世，12 岁时，稚气未脱的王玉岭就拜马殿顺为师，学唱山东大鼓，小小年纪便承担起家庭的重担，边学艺边讨饭边说书。16 岁时，他已经开始独立说书卖艺，代替父亲挑起家里的大梁，带着妈妈、姨妈等六七口人在山东和河北一带流浪卖艺。一家人推着一个小推车,全部家当包括说书用的鼓和弦都在里面。走到一个地方,就先寻找一处合适的地脚撂地说书,或是找一家书馆,和老板商量妥当,少抽点份子钱,但是要提供住处,这样一家人才有了落脚的地儿。一天下来,赚到钱全家人就能吃顿饱饭,如果赶上阴天下雨或是其他一些无法预计的原因没有卖出座儿,一家人就要饿肚子。因此,从很小的时候起,王玉岭就深深地体会到生活的艰辛以及负担整个家庭所需的责任感。为了学到更多的本领,赚取更多的钱养家糊口,他经常悄悄地跑到别人的帐幕外面,偷偷学艺,一站就是大半天。也是在那个时候,王玉岭先生练就了超强的记忆力,别人说一遍书,他就能记住七八成,并用自己的方式表演出来,为后来的艺术创作奠定了坚实的基础。

(二)拜师学西河大鼓,艺术风格初成

山东大鼓是北方大鼓之鼻祖,流传于以菏泽为中心的广大鲁、苏、豫地区。采用山东方言来演唱当地的民歌小调,音乐唱腔独特,地方色彩浓郁。厚重的地方特色虽然成就了这一曲种独有的表演魅力,但是在某种程度上却限制了其传播和应用的范围。而相对于山东大鼓,西河大鼓是流行于河北、山东、河南以及我国东北、西北部地区,以冀中语音的自然声韵为基础的表演形式,表演书目更为丰富,语言也更加清晰易懂,喜欢的人也更多。因此,王玉岭又拜西河大鼓艺人胡玉珍为师,开始学唱西河大鼓。

西河大鼓讲究腔调,而且要根据自己声音特点作调整,这样唱出来才好听。因此,学西河大鼓,难也就难在这里,没个三年工夫,很难学到家。虽然王玉岭有说山东大鼓的基础,但西河大鼓太讲究吐字归韵,每一个字都必须按照汉语拼音的标准发音,唱词吐字必须清楚明了。他自己有时唱着没觉出错,师傅会突然喊停,指出哪里错了,然后再反复地练唱。打板也很难,这东西每天都得琢磨。一天不练,自己能看出来;

两天不练，师傅就看出来了。王玉岭就是这样每一天都勤加练习，仔细琢磨师傅传授的要领。由于他天资聪颖，嗓音条件极佳，很快就进入了角色，表演起来声情并茂，刻画人物鲜明，突出人物个性，慢慢形成自己专有的一套演出风格。

（三）来连之后，为老百姓表演，名声渐起

王玉岭最开始在山东一带流浪说书，养家糊口。为求生计，20世纪40年代初，他带领全家人闯关东，来到大连谋生。

王玉岭纯朴善良，乐于助人，这使他结交了不少朋友，卖煤的、拉黄泥的、搓澡的、收破烂的、教书的、卖菜的、练武的……总之，他结交朋友不分身份地位，朋友们也因有这样的友人为荣。他们很愿意听王玉岭说书，经常让王玉岭给他们讲一段。就这样一传十，十传百，王玉岭在当时的寺儿沟，以及被称为大连的"关外小天桥"——博爱市场等地有了一定的名气，喜欢他的人也越来越多，老百姓都说他说的故事好听，没事的时候便去听他说书。渐渐地，王先生说书的小桌前围坐的人越来越多，有时人多得没地方站。人越多，他说得越有劲，唱得内容越多，唱得越好。

二、满怀热情，创作成果颇丰

（一）文艺政策感召，热情创作新曲目

新中国成立之初，整个国家百废待兴，在旧时代的土壤里生长了千百年的曲艺艺术也同样迫切地需要革新与重铸。特别是那些糟粕与精华混杂的传统节目，以及那些不健康的价值导向，需要在新的时代进行全面的甄别与整理、剔除与改造。为此，中国共产党和人民政府在建立社会主义制度的同时，也开展了包括建立新曲艺文化艺术领域里的"推陈出新"运动。1951年5月5日，中华人民共和国中央人民政府政务院下发了《关于戏曲

改革工作的指示》。其中，对于曲艺的改革附带有规定：

中国曲艺形式，如大鼓、说书等，简单而又富于表现力，极便于迅速反映现实，应当予以重视。除应大量创作曲艺新词外，对许多为人民所熟悉的历史故事与优美的民间传说的唱本，亦应加以改造采用。

在这种创作新风的感召以及政府的号召之下，王玉岭先生充满热情地投入创编和演唱新书的道路上来，努力着手选择一些新小说、新戏剧，将它们改编成鼓书，为百姓演出。一位鼓书演员亲自动手将一部长篇小说改编成一部大书书稿，困难是很多的，对于只读过一年私塾的王玉岭先生来说，创编新书更非易事。不能读写成为创作的最大难题和障碍。于是他就花钱请教书先生到家里来为他读报纸、读小说，了解党对文艺工作的指导方针和政策的同时，积累创作素材。由于常年流浪说书，他锻炼出超强的记忆力和一套适合自己的独有的记忆方法。每当先生读完一个章节，他都能很快地整理出故事梗概，并且根据表演需要，梳理出既具有舞台形象，又充满表现力的艺术化语言，把书面语言立体化、形象化，并配合当时社会主义教育运动，自己编排故事情节，然后按照西河大鼓的折辙唱法改编成新书。其中的每一个人物设置，每一句唱词的辙韵，每一个冲突的表现都融入了他无数遍的思考与斟酌。

新书的出现使听惯了旧式大书的老百姓们很不习惯。起初一段时间，观众的人数逐渐减少，上座率不断下降，收入也相应地减少了很多。收入的减少给家庭生活带来很大的经济压力，但王玉岭先生始终坚定不移，他认定了要开创一条编演新书的道路，使鼓书跟上时代发展的步伐。于是他执着追求，刻苦探索，锲而不舍，一面改编一面演出，根据演出效果和观众的反馈意见再修改再演出，经过一年多的磨炼，终于得到了观众的认可，喜欢听他说书的百姓们又重新围坐在一起，听他绘声绘色地演说着一个个引人入胜的故事。

（二）全力投入中长篇小说改编，表演成果广受欢迎

20世纪五六十年代，王玉岭将精力主要集中在中长篇小说的改编与表演上。其主要整理演出了20多部中长篇新书，其中包括《平原枪声》《野火春风斗古城》《破晓记》《烈火金钢》《草原烽火》《播火记》《节振国》《战斗在敌人心脏》等，在电台和书馆一经演出，便受到广大观众的热情欢迎，这也使他名声大振。《烈火金钢》和《野火春风斗古城》讲述了共产党领导的军民抗战史。其中，《烈火金钢》充满对抗日战争生活的情景展现。作品以1942年冀中军民反"扫荡"斗争为背景，力图塑造冀中根据地八百万抗日军民浴血奋战、前仆后继的英雄群像。王玉岭的改编按照小说的叙事结构，从一次意外事件写起，八路军排长史更新为掩护主力部队转移身负重伤，被小李庄群众解救后，便和区干部齐英、村干部孙定邦、八路军班长丁尚武等人组成新的战斗集体，接着便按照西河大鼓的说唱特点讲述了由一个个富于传奇色彩的段子组成的游击战故事。虽然作品中几个主要英雄人物贯穿始终，事件的发展也按时间的演进构成叙事的基本线索，但每一段又能独立成篇，具有鼓书艺术的特点，同时也与当时观众的审美要求相呼应，受到了广大人民的喜爱。

（三）深入基层，实地创作，反映现实生活

20世纪50年代末到60年代初，为反映新生活，王玉岭带领创作小组到农村，深入大连砬子山，体验生活，写新的本子。他用半年的时间搜集、整理资料，走访当地的农民，记录下他们的亲身经历，请有文化的同志帮他记录创作素材，夜以继日地伏案创作。那时农村条件艰苦，山地干旱，农民便想办法引水上山，他根据这个情况创作，写了一个短段子——《一条活龙》，还有《会亲家》《破除迷信》等十几段新作品，生动地反映了当地的现实情况，这在当时是很轰动的一件事情。他边演边改，不断完善，书中穿插的许多民俗生活，他都描绘得有声有色，使这部书具有鲜明的地方特色，很受观众欢迎，成为他的代表书目之一。《一条活龙》在辽宁省文艺调演中获得了一等奖，后来被推荐到全国曲艺调演获得优秀奖。这使王玉岭深受鼓舞，他发现新书创作生存的空间也是很大的。就这样，一个从旧社会走过来的老艺人被新生活所感召，被党和人民政府的文艺政策所感召，以自己的满腔热情创作文艺作品，歌颂新社会。

三、演出特色鲜明，深受群众喜欢

（一）塑造的人物形象鲜明，性格特征突出

王玉岭在几十年的艺术生涯中刻苦学习，博采众长，结合自身条件兼收并蓄，形成自己的表演风格。在表演上，他以语言生动、刻画人物性格鲜明见长，说表并重，身形结合，嗓音洪亮，字清口净。他擅用词赋、赞赋加以描摹场面的口技使表演声形兼备，以形传神，让西河大鼓的表演艺术得到了具有时代感的升华，在当时的大连曲艺界有口皆碑。

他在当时大连的博爱市场、三八广场、寺儿沟一带表演，计时收费，说到 15 分钟就拿着一个小笸子去收费，有的 2 分钱一段，有的 1 分钱一段。

王玉岭极佳的嗓音天赋，加上他对唱段的揣摩理解和在唱腔及表演中的细腻处理，在刻画待字闺中的少女、清纯的村姑等一些人物时，使观众听得如醉如痴。他善于揣摩人物性格特点，表达人物的感觉特别细腻，虽然身材高大魁梧，但是演起女性时却很到位，演一个羞涩的姑娘或小媳妇，眼神加上身段，都惟妙惟肖。武将一出，又是一种感觉，演穆桂英在阵前打杀，描摹得都非常传神，一个眼神一个动作都让人忘了他是一个 180 多

斤的光头男演员了，完全将观众带进戏里。《黛玉焚稿》也是他经常表演的一出戏。他的表演将林黛玉的多愁善感表现得淋漓尽致。《灯下劝夫》是一段劝人往宽处想的唱段，在表演"劝人往宽处想"时，他就会加上手部动作，两个手指并在一起，然后再向两边拉开，同时配上眼神和身段，好像站在你眼前的就是一个女性形象。除此之外，说书中描画人物出场，艺人叫"开脸儿"，即在书中主要人物第一次出现的时候，说书人对其面貌肤色、穿着打扮、身材体形以及所携器物进行集中介绍，以引发听众产生想象，显示人物的鲜明形象，王玉岭在丰富人物形象这方面有着超常的能力。

（二）说唱技巧圆熟，语言功力深厚

王玉岭的嗓音很少见，与一般的大鼓艺人不同，他的声音洪亮，不是常见的烟酒嗓，而且行腔走调有板有眼，运用自如，唱的时候外面的人都能很清楚地听到。

王玉岭擅长赞赋。作为曲艺表演中的一个组成部分，赞赋常常起到画龙点睛的作用。通过这种艺术手段对事物景象进行描绘，让形象生动鲜活，表演者多用"贯口"这种曲艺表演形式表现出来。其中常见的有：人物赞、山赞、景赞、火赞、风赞、马赞、刀枪赞、拳赞、盔甲赞等，是十分见功底的表演形式。

曲艺演员有句"艺诀"，叫作"两年胳膊三年腿，十年练不了一张嘴"。曲艺是语言艺术，很讲究"嘴皮子"功夫。曲艺术语里有一个词叫"喷口"，指的是演员歌唱时用重唇音来突出字音，吐字后字音上扬，短促而沉重响亮。喷口的语言特色是吐字清晰有力，字如串珠。王玉岭就擅长喷口。

王玉岭练"喷口"，背诵书中的"诗、词、赞、赋"，什么刀枪赞、拳赞、美人赞,一套套背得滚瓜烂熟。别看他表演起来一招一式轻松自如,在家里,他对着镜子反复练,直到自己满意为止。由于他学习刻苦认真,打下了扎实的基本功,嗓音淳厚,经说耐唱,气口充足,吐字清晰,似高山流水,时缓时急。表演动作灵活洒脱,自然大方,干净利落。情节进展快,不"卖关子"(故弄玄虚),形成了自己独特的艺术风格。

(三)多才多艺,文武昆乱不挡

他向前辈演员刻苦学习,博采众长,融会贯通,结构严谨,人物性格鲜明。说书时嗓音浑厚,口齿清晰,娓娓动听。为模拟好文生、武将,他借鉴京剧表演艺术,融于鼓书中。他重视说功、做功、打功,说到谁,就模拟那个人物的神情、语言、声态,有时也使用方言、韵白,加上必要的动作,表情状物,绘声绘色,形成了神完气足、层次分明、起伏跌宕、耐人寻味的独特风格。

王玉岭尤其擅长口技辅助表演,被听众公认为一绝。"象声"被融汇到曲艺里面后,成为说、学、逗、唱中的"学",称为口技。王玉岭善口技,尤其是学马嘶马鸣,极为逼真。说到两军沙场交锋时,他猛然站起,嘴里打着口技,学着马嘶和各种交战声音。一声叫阵,能吼破夜空,几里之外,也听得真切,形成了行腔刚柔并济、吐字归声韵味浓厚、表演既火爆炽烈又细腻深沉的艺术特色。

四、带领说唱艺人,开拓新文艺道路

(一)曲艺艺人的带头人

1945年8月15日,日本宣布无条件投降,大连终于获得解放。尽管如此,社会上的曲艺艺人对这个时期的时局还有许多混乱的认识,他们不知道自己能不能在这个社会上说书卖场以求温饱。起初,王玉岭也处在这种困惑之中，他密切关注时局的发展。渐渐地，他发现当时的人民政府是一个民主的政府，是为人民办事的政府。很快他又接触到当时社会上的一些文化名流，通过攀谈，对他们产生了好感。这些人其实很多是我党从老革命根据地派来的文艺工作者。在这些人的帮助下，王玉岭的思想发生了很大的变化，他开始了解党的文艺主张。于是，他在人民政府和这样的一些文艺工作者的指导下，开始组织散落在大连民间的曲艺艺人。他挨家挨户去寻找，一个一个做开导动员工作，让他们对新社会多有认识和理解。在他的劝说下，曲艺艺人们有了新的觉悟。现在是人民的民主政府，新政府为他们实现自己的梦想提供了很好的环境和氛围，开启了当家作主人的新时代。身上的枷锁被打碎了，获得新生的艺人们纷纷团结在政府周围，以跟上社会的发展。1946年11月22日，他终于将散落的曲艺艺人集合到一起。同时，王玉岭还参加了由党组织的各种各样的文艺活动，在活动上积极建言献策。

王玉岭和这些曲艺艺人在社会上演出，演出曲种以西河大鼓、评书、相声为主，此外还有山东快书、河南坠子、双簧、八角鼓和拉洋片等。同时，市文化部门也派"新文艺工作者"协助艺人进行书目的改革与创新，并组织艺人学习政策、宣讲时事。市文化部门还经常组织艺人深入工厂、街巷和农村演出。1947年至1951年，除传统书目外，王玉岭等曲艺艺人还创作演出了《解放关东》《生产乐》《庆祝新中国诞生》《新纪录》《党的女儿赵桂兰》《女中魁元田桂英》《新婚姻法》《男女平等》《抗美援朝卫家保国》《鸭绿江上》等新曲目，义务演出300余场，观众达20余万人次。他们的演出也为建立大连新的文化局面作出了重要贡献。王玉岭带领这些曲艺艺人走上一条崭新的道路，也使大连曲艺事业的发展踏上了一条宽阔的大道。

（二）新文艺团体的领导人

新中国成立之初，在政府的明确指示与领导下，全国范围内开展了包括对曲艺在内的传统艺术的改造，不仅是艺术本身，还有思想内容方面的去芜存精，还包括对旧的艺术创演体制和旧艺人思想状况的全面改造。当时称之为"三改"，即"改戏、改人、改制"。其中，"改戏"的过程较为复杂而且艰难；所谓"改人"，意在提高艺人的思想文化素质和道德行为修养；所谓"改制"，就是对旧社会形成的不合理行艺规矩和习俗进行革除和改造。对剧目的思想内容和格调趣味进行甄别和规范，在当时确实是十分必要的。

在这样的方针指导下，全国各地开办了各种各样的训练班、讲习会和座谈会。有的帮助旧社会的艺人学习文化知识，扫盲和学习必要的文艺理论知识，帮助他们了解新中国的各种方针和政策；有的针对社会上的一些兼做算卦和卖假药生意等变相敛财的人进行劝导，引导其走上正途，回归到真正追求崇高艺术的道路上；有的打击把持市场欺压街头艺人的恶霸土豪，取缔一些低级的演出社班，努力净化曲艺圈内的不正之风。

王玉岭对党和政府的方针非常理解和拥护，他本人是从悲惨的旧社会走过来的，因此非常珍惜此时的幸福生活。在这样的基础之上，1956年8月20日，经旅大市文化局批准，大连说唱团成立了，王玉岭为第一任团长，担任说唱团团长之后，他将更多的精力倾注到剧团的管理和建设当中。一方面，他组织艺人深入生活，不断地创作出反映新时代的新段子，组织他们深入农村、厂矿，为工人、农民演出；另一方面，他又积极发展培养新的曲艺人才，不仅自己做到传授学生的时候毫不保留、倾囊相授，并且鼓励其他老艺人多收徒弟，把他们的技艺传授下去。这样，大连的曲艺队伍逐渐壮大起来了，成为活跃在大连文化市场的一支重要力量。不少曲艺艺人成为当时大连家喻户晓的明星人物。一些曲艺节目也成为当时大连街头巷尾争相传说的热点。大连说唱团成为大连人民喜闻乐见的文艺团体。

王玉岭是大连第一代曲艺艺术家，他不仅以自己高超的技艺给人们带来愉悦的艺术享受，还以自己的人格魅力和优良作风为党凝聚了大批的曲艺人才，为大连曲艺事业的发展作出了重要贡献。

城市休闲文化的文化思考

世界未来学家雷厄姆·莫利托曾在《全球经济将出现五大浪潮》一文中指出：到2015年，人类将走过信息时代的高峰期进入休闲时代。如今，正如这位学者所预言的一样，"休闲"已经渗透于人们生活的各个方面，它已经成为人类社会中不可缺少的组成部分，甚至成为衡量一个国家经济水平、社会文明发展程度的标准。这一文化现象逐渐引起人们的关注，成为具有重要研究价值的课题。

一、休闲文化概念的阐述

对于休闲文化的思考，如同其他任何事物一样，首先要从概念入手。对某一种文化进行定义从来都不是一件容易的事情，概念往往涵盖的范围较广，较庞杂，并且受到特定的价值观的限制。

在中国，对"休闲"的探源首先可以从《说文解字》和《康熙字典》中找到一些蛛丝马迹。《说文解字》对"休"和"闲"的解释为："休，息止也，从人依木"，是一个会意字，指"人倚木而休"。"闲，阑也"，即"门里有树"，多引申为思想纯洁、心神安宁。《康熙字典》中，"休"意为"吉庆、欢乐"，"闲"通常引申为范围，多指道德、法度，并有限制、约束之意。古代对"休闲"二字的解释已不难辨析出其中对劳作与休憩、物质与精神的隐示。随着时代的变迁，休闲的内涵也在产生改变。《现代汉语词典》中"休闲"，意指"休息"或"过清闲生活"，也作"（可耕地）

闲着，一季或一年不种作物"的解释。

在生产力不够发达的时期，休闲多以娱乐的方式混杂在劳动中，是原始状态的休闲。当生产力水平提高并创造出空闲之后，休闲则逐步与精神层面发生交集，从这个意义上说，休闲已不是单纯的娱乐，而是与哲学、教育等人类高级的精神性活动相关联的一种文化活动，成为现代意义的休闲文化。

中国学者马惠娣认为，休闲文化是指人在完成社会必要劳动时间后，为不断满足人的多方面需要而创造文化、欣赏文化、建构文化的生命状态和行为方式。而楼嘉军则认为，休闲文化指人们在工作、睡眠和其他必要的社会活动时间以外，将休闲时间自由地用于自我享受、调整和发展的观念、态度、方法和手段的总和；它与人们自由支配休闲时间的强度和方法密切相关，并反映在个人、家庭和社会群体的价值认同、文化素质培养、文化品位追求、文化消费倾向等诸多方面。

这两种定义都是从狭义上对休闲文化进行解读的。从广义上看，休闲文化是指与休闲相关的一切人类活动及其表现，它包括休闲的内容与方式、休闲的功能、休闲的历史走向和休闲的民族特色等，其核心是休闲这一社会现象所蕴含的文化意义。从层次结构上看，休闲文化可分为高雅休闲文化和大众休闲文化。从空间结构上看，休闲文化可分为家庭休闲文化、社区休闲文化、社会公共休闲文化和网络休闲文化。

二、发扬具有民族特色的休闲文化

随着后工业时代的来临，人们的生活方式发生了很大改变，劳动者的工作时间与休闲时间逐渐发生逆转，工作时间与工作方式更加灵活多样。人们可以自由支配的时间大大提高，甚至超过了为生存而消耗的工作时间。

社会的不断进步，经济的迅猛发展，中产阶级的日益壮大，自由支配时间的不断增加都为休闲文化的发展提供了充足的养分。

我国从1995年开始实行双休日制度，而后又逐渐增加公休日。如今，国家又实行带薪休假，休闲逐渐成为人们生活的一种常态。它逐渐形成一种文化，被称为休闲文化。休闲文化首先是一种文化，而任何文化都脱离不了民族性和地域性。我国应大力发展具有民族特色的休闲文化形式，充分发扬中国传统文化中的精髓。

三、丰富休闲文化的文化价值含量

20世纪以后，西方国家就逐渐进入消费时代，自由时间的不断增加使得休闲文化迅速兴起和壮大。自动化和信息化的迅猛发展进一步催生了休闲文化的发展。我国的休闲文化及其相关产业发展得相对较晚，但却呈现出极速繁荣和跨越式发展的势态。休闲文化已成为影响城市文化和城市发展的重要因素。人们应该从低俗化、炫耀化、物质化的休闲观念中解放出来，选择那些能真正实现人生价值、人生本质和人生意义的形式，激发文化自觉性和反思性，创造更美好的休闲文化生活。政府机构也应不断完善公共休闲服务体系。相应地，服务设施和基础建设是引领休闲文化向健康有序方向发展的保障手段。建立有人文情趣的可持续发展的休闲文化形态，是满足人民群众对美好生活向往的必然要求。

四、休闲文化中的城市文化性格

休闲文化作为一种文化形式，具有民族性和地域性。不同民族、不同地域的人们因生存环境的不同，在生活习惯、语言文字、思维方式等方面存在很大的差异。这种差异性造就了各地区休闲文化观念、内容和方式的不同。一座城市的休闲文化氛围能反映出这座城市的文化性格。这种氛围可以借鉴，但不能复制也不可以被替代。它是在漫长的积累当中形成的，是一座城市的气质所在。发掘城市文化的精髓，发展适合本地特色的休闲文化，不仅可以让大众获得更理想的休闲权利和机会，更能为本地的休闲产业发展提供永不衰竭的持久动力。

大连素来是具有休闲气质的城市，这里的自然环境和气候特点为其成为休闲城市提供了天然的支持。各种城市节日丰富了休闲文化的内容。沙滩文化节、啤酒节等节庆活动彰显出大连的海洋文化和浪漫之都的城市品格。近年来，大连又发展起"夜文化"和"月光经济"。具有百年历史的人民文化俱乐部几乎每天都会为市民呈上丰盛的文化晚宴。"威尼斯水城"、大连国际会议中心、音乐喷泉、十五库，如今大连东港及周边集合了大连海洋和浪漫的元素，成为大连城市休闲文化生活的新亮点。除此之外，大连的影视业、旅游业等产业也都蓬勃发展。这些资源为发展城市休闲文化、提升城市文化品格起到了极大的促进作用。

总而言之，休闲文化要以文化为依托，从文化环境中培育出深层次的精神放松和愉悦体验。随着经济的日益发展和人们生活水平的不断提高，休闲文化必定成为城市的精神支柱。城市休闲文化应该受到高度重视，正确处理好休闲与文化的关系，懂得休闲不仅仅是空闲，而是具有无限创造的可能性，会使人们更好地实现自身价值，也对城市影响力和经济实力的提升，产生巨大的促进作用。整合各种文化资源，规划构建健康有益、丰富多彩的休闲文化活动，从而创造出更加美好、舒适的城市居民生活。

第三部分

赓续与融合：
传统与现代的文旅融合之路

第三部分 赓续与融合：传统与现代的文旅融合之路

发挥优秀传统文化优势　助力文化旅游新发展

党的十八大以来，习近平总书记围绕传承和弘扬中华优秀传统文化，以及文化和旅游融合发展发表了一系列重要论述。习近平总书记指出："国家之魂，文以化之，文以铸之。我们要立足中国，面向现代化、面向世界、面向未来，巩固马克思主义在意识形态领域的指导地位，发展社会主义先进文化，加强社会主义精神文明建设，把社会主义核心价值观融入社会发展各方面，推动中华优秀传统文化创造性转化、创新性发展，不断提高人民思想觉悟、道德水平、文明素养，不断铸就中华文化新辉煌。"在文化和旅游融合发展方面，习近平总书记指出："文化产业和旅游产业密不可分，要坚持以文塑旅、以旅彰文，推动文化和旅游融合发展，让人们在领略自然之美中感悟文化之美，陶冶心灵之美。"

为加快推动文化和旅游发展，文化和旅游部于2021年4月29日发布《"十四五"文化和旅游发展规划》，将推进文化和旅游融合发展作为重点任务之一。该规划作为重要指引，在推动文化和旅游深度融合、创新发展，不断巩固优势叠加、双生共赢的良好局面中起到积极作用。其不仅是行业发展的风向标，更是各地广泛参与文化强国建设的"任务书"。这也为我们做好新时代文化旅游融合发展工作指明了方向。

优秀传统文化是一个国家、一个民族、一座城市的重要财富，它是文化软实力的重要体现。我国对优秀传统文化的保护和传承工作一直都给予高度的重视，并且不断地探索新的形式和方法，旨在为优秀传统文化注入更加强大的内生动力。旅游作为文化的重要载体之一，与优秀传统文化的保护与传承互为促进，相辅相成。二者的深度融合为双方的发展拓宽渠道，形成有效的良性互动，具体表现在以下三个方面。

一、优秀传统文化成为文旅发展坚实的着力点

为全面贯彻国家关于文旅融合发展的各项决策部署，全国各地区积极推出各种举措，为文化旅游融合以及资源优势转化提供政策支持和扶植，在规范和保障文旅融合之余，不断推进文化和旅游的深度融合发展。辽宁省文化和旅游厅印发的《辽宁省"十四五"文化和旅游发展规划》指出："坚持以文塑旅、以旅彰文，推动文化和旅游深度融合、创新发展，不断巩固优势叠加、双生共赢的良好局面。"并从"提升旅游的文化内涵，以旅游促进文化传播，培育文化和旅游融合发展新业态"三方面对文旅融合发展提出建议和措施。

优秀传统文化作为一个国家、一个民族的精神体现，势必成为文化旅游最坚实和持久的内生动力。中华优秀传统文化是中华五千年文明的结晶，是中华民族的独特标识。我国一直对优秀传统文化十分重视，继承和发扬优秀传统文化对国家和民族具有重要的意义和价值，对推动旅游业的发展也有着不可小觑的影响。

传统文化通常具有地域性。它是本地文化的沉淀与集合，发扬本地优秀传统文化是打造当地文化旅游品牌的重要路径之一。本地优秀传统文化与本地文化旅游品牌的高效融合在增强旅游的文化实力和可持续发展的同时，也进一步夯实了本地优秀传统文化的发扬与传承。

城市具有丰富的传统文化资源，从习俗到节日，从曲艺到舞蹈，从美术到技艺，林林总总、五花八门的表达形式，为城市文化旅游提供了基础

保障。无论是有形的还是无形的，都是一座城市在历史长河中逐渐积淀而成的财富。对本地优秀传统文化进行合理的梳理和概括，提取具有城市内涵和气质的元素和项目与文化旅游相互融合，将城市历史以及传统文化进行有机的保护和开发，必定成为文旅发展坚实的着力点。

二、实现优秀传统文化向文化旅游的创造性转化

将优秀传统文化进行创造性的转化，将文化的"魂"融入旅游项目当中，以此创造出更高品质的旅游业态。每一座城市都有自己的历史文化积淀，深度挖掘自身的优秀传统文化和民族文化，才能形成差异化发展，打造独一无二的特色和吸引力。

文化旅游在欧洲发展的时间较早，人们普遍的认可度较高。其文化旅游的内容偏向于对重要文化遗产的开发与利用，再加上浓厚的文化氛围，以及发达的文化产业，使得欧洲的文化旅游开展得如火如荼。雅典、罗马、柏林、佛罗伦萨、巴黎、伦敦等历史文化悠久的城市都具有强烈的文化遗产保护和利用的意识，并且逐步将单纯的遗产遗迹旅游转向多元的文化需求旅游。国外的这些经验值得我们去深入学习和研究。

目前，我国各个城市在优秀传统文化与旅游融合发展方面也作出了很多努力和尝试。例如，江西景德镇恢复传统制瓷古窑活态研学；北京、成都、苏州等地建成城市非遗展馆传播本地传统文化；福建举办元宵节旅游活动，结合当地优秀传统文化搞活旅游经济；山东济南建设百花洲历史文化街区并展示曲艺、剪纸、面塑等传统文化；成都崇州建立竹艺村，振兴乡村旅游经济；西安打造仿古大唐不夜城，利用传统历史文化资源打造当地旅游盛宴；江苏秦淮灯会利用民俗文化活动，构建中国大型综合型灯会；江西婺源将徽剧、绿茶、纸伞制作等非遗项目与旅游融合，令最美乡村更有味

道……这些典型案例为优秀传统文化与文旅融合提供了新的思路和方法，在深入促进文旅融合发展和厚植文旅融合新风中起到了发挥先进典型的示范带头作用，实现了优秀传统文化向文化旅游的创造性转化。

三、从"叠加"走向"质变"的融合发展之道

在坚持合理开发、可持续开发的理念之下，将优秀传统文化资源与文化旅游融合发展，在学习借鉴其他地区成功经验和案例的同时，深挖优秀传统文化要素，因地而异、因类而异地对其进行开发和利用，使文旅融合跳出单一的叠加模式，有计划有步骤地向更深层次更深领域探索和发展。

在以社会主义核心价值观为首要引领下，我们需从理论层面入手，开展文旅融合相关理论研究，形成丰富的理论成果以作为基础支撑。秉持"宜融则融，能融尽融"的原则和理念，以理论为引导，科学合理地推进和开发文旅融合。在理论保障的基础上，探索构建文旅融合发展框架，以优秀文化充实框架，形成完整的文化旅游有机体。我们应将丰富的传统文化资源与旅游元素结合，尊重科学的经济发展规律，在党和政府的领导下，完成文化与旅游的深度融合。

另外，重创新、提服务、培养人才对推动文化旅游融合发展也尤为重要。在中华优秀传统文化中深度精准挖掘更多更新的元素，寻找文化共通性，通过多元化、跨界式的方法将文旅融合发挥得淋漓尽致，并推向更高更远的新空间和新领域。在文化旅游的建设中，服务的完善和升级是必不可少的。更丰富、更人性化、更多元、更精准的服务体系建设能够明显地提高文化旅游的水平。发掘和培养适合文旅融合的专门人才是推动文旅融合发展的重中之重。具备高素质、熟旅游、懂产业等优势的复合型人才是文化

旅游行业急需挖掘和培养的。完善高端研发和管理人才的培育、引进和保障机制，树立与时俱进、兼容并蓄的人才观和引才观，走政产学研一体化发展的道路，逐渐形成多元化的知识技能培养体系，对文旅人才的培养大有裨益。

文旅融合的高质量发展：
精品文艺演出与旅游地共生发展模式研究

习近平总书记在党的二十大报告中指出："坚持以文塑旅、以旅彰文，推进文化和旅游深度融合发展。"这不仅总结了文旅融合发展的经验，也为新时代的文旅深度融合发展指明了前进道路。文化和旅游融合的不断深化在推动经济增长、传承中华优秀传统文化、促进社会发展等方面作出了重要贡献，产生了积极的成效。具体表现在以下几个方面：

一、文旅融合的必要性

近年来，随着社会的不断发展和经济水平的不断提高，人们对于心灵层面的需求也越来越强烈。传统的旅游方式已经无法满足现代游客对旅行体验的需求。在旅行过程中，游客了解其所见、所闻、所感背后蕴藏的深厚文化内涵，变得尤为重要，这也是文旅融合的意义所在。

（一）文旅融合是旅游行业发展的必由之路

文旅融合是旅游行业实现高质量发展的必由之路。文化是旅游的灵魂，旅游是文化的载体。文旅融合的一些必要途径包括：1.兴建文化旅游景区。依据当地的文化特点，兴建极具地域特色的旅游景区，如文史博物馆、古街古镇、文史主题公园等。2.举办文化艺术演出。利用当地特有的文化艺术资源，举办各类文化艺术表演，如地方戏曲表演、传统戏剧表演、地方舞蹈表演、地方音乐表演等。3.开展文化体验项目。开展文化体验项目，让游客参与互动，如民俗节庆体验及与其相关的物品、食品制作等。4.设计创意产品。结合当地的文化（含非遗）和物产资源，设计具有地域特色的旅游产品及文创产品，如特产礼包、传统手工艺制品、民族特色产品等。5.开发文化主题餐饮。紧扣当地的特色食材及餐饮文化传统，开办文化餐饮场所，如特产餐厅、饮食体验馆（含品鉴与制作体验）等。6.开发数字化文旅项目。借助日趋成熟的数字技术，开发数字化文化旅游产品，如VR旅游、AR观展等。

（二）旅游在经济发展中的作用

2013年3月22日，习近平主席在俄罗斯"中国旅游年"开幕式上强调："旅游是传播文明、交流文化、增进友谊的桥梁，是人民生活水平提高的一个重要指标，出国旅游更为广大民众所向往。旅游是综合性产业，是拉动经济发展的重要动力。旅游是修身养性之道，中华民族自古就把旅游和读书结合在一起，崇尚'读万卷书，行万里路'。"

旅游业是拉动经济发展的重要动力。文化和旅游部统计数据显示：2023年国内出游人次48.91亿，比上年同期增加23.61亿，同比增长93.3%，涨幅明显，恢复至2019年的81.38%，国内旅游市场复苏加速；国内游客出游总花费4.91万亿元，比上年增加2.87万亿元，同比增长140.7%；人均每次旅游消费1003.88元，比上年同期增加197.56元，同比增长24.5%。其中，城镇居民人均每次旅游消费1112.29元，同比增长26.89%；农村居民人均每次旅游消费653.92元，同比增长9.17%。整体而言，2023年，旅游行业重新步入恢复性增长通道，旅游经济恢复性增长持续向好。上述数据的呈现，绝非单纯的旅游行业的成绩。正如习近平主席所说——旅游是综合性产业。以旅游作为依托，与其密切关联的饮食行业、住宿行业、交通运输行业、娱乐行业、教育行业、批发零售行业等，都潜移默化地被积极带动，从而共同为拉动经济增长助力。

二、精品文艺演出的内涵及与文旅融合的内在联系

2014年10月15日，习近平总书记在文艺工作座谈会上的讲话中强调："精品之所以'精'，就在于其思想精深、艺术精湛、制作精良。"

（一）精品文艺演出的内涵

强调思想精深、艺术精湛、制作精良这"三精"的统一，其实质便是对"何为优秀作品，何为精品文艺演出"进行指导性回答。"思想精深"涉及的是文艺演出的主题思想层面，用以衡量其思想性是否达到要求的高度，是否存在误导及偏差。"艺术精湛"涉及的是文艺演出的创演呈现层面，用以衡量其艺术性（包括编剧、导演、表演等）是否达到一定的层级，是否存在敷衍与消极。"制作精良"涉及的是文艺演出的舞台包装层面，用以衡量其精致性（包括舞美、灯光、服装、音效、LED制作等）是否达到一定的水准，是否存在粗制与滥造。评判一台演出的优秀与否，关键在于审视其是否真正地做到了"三精"的统一。此外，置于文旅融合视域下的文艺演出，若要成为精品，在坚持以"思想精深、艺术精湛、制作精良"为基础的前提下，还必须充分地融入地方特点及民族特色，用以彰显个性与优势，进而避免"泯然众人"的尴尬。

（二）精品文艺演出与文旅融合的内在联系

精品文艺演出可以显著提高文化旅游的核心竞争力。首先，精品文艺演出可以为游客提供更加丰富多彩的旅游体验，使游客在旅途中获得更深层次的满足和愉悦，并增加对当地文化的深入了解。其次，精品文艺演出可以成为文化旅游的品牌和标志，帮助本地在激烈的市场竞争中

脱颖而出，吸引更多的游客前来观光和体验。另外，精品文艺演出有助于本地文化的推广和发扬，促进地域文化的保护和传承，从而推动文化旅游的可持续增长。因此，提高对文艺演出的重视度，加强制作和推广的力度是十分有必要的。对文艺演出的不断打磨、创新，可以使文化旅游产业更加丰富，并具有更强吸引力。在关注精品文艺演出的同时，也要注重保护和发展文艺演出的多样性，为文化旅游的繁荣和发展注入新的活力和动力。

（三）文旅融合视域下文艺演出现存的主要问题

文艺演出在文化和旅游融合中扮演着至关重要的角色，展现了多样化和创新化的发展趋势。然而，在发展变化中也存在一定的问题。

1. 关于文艺演出的品质和多样性问题

一些地方在推动文旅融合时，过分强调商业利益，而忽略了文化艺术的表现和内涵，从而导致演出质量参差不齐。同时，由于缺乏对多元文化的挖掘和利用，文艺演出的多样性也受到了一定的限制。

2. 关于文艺演出与旅游融合的深度和广度问题

尽管许多地方已经在文艺演出方面进行了很多尝试和探索，但仍有数量众多的文艺演出独立于旅游活动之外，缺乏与旅游产品的深度整合。基于这一情况，旅游者在旅行中无法完全享受到文艺演出的魅力，在很大程度上限制了文艺演出在旅游业中发挥应有的作用。

3. 关于文艺演出的推广力度问题

许多精彩的文艺表演作品因为宣传推广不足，无法吸引到大量的游客观赏。再加上营销手段缺乏创新和差异化，一些文艺产品难以通过合适的途径展现在更多的游客面前，导致文艺演出无法更好地融入文旅融合中，无法得到更多的经济收益。

三、打造精品文艺演出路径的方法

在文旅融合的视域下,文艺演出既面临着巨大的发展机遇,也面临着问题和挑战。只有通过提升文艺作品质量、优化演出形式、强化市场推广等措施,才能推动文艺演出在旅游业中得到更好发展。

(一)提升文艺作品质量

1. 鼓励原创,支持文艺演出的多样性和个性化

随着科技的发展和全球化的推进,文旅产业正迎来前所未有的发展机遇。而在这个变革的大潮中,多样性和个性化无疑是推动文艺演出持续创新、保持吸引力的关键。

文艺演出的多样性和个性化是保持其生命力的源泉。艺术家的创作凝聚了独到的艺术见解和深刻的文化领悟,赋予了观众全新的、独特的观赏体验。文艺演出在展现地方文化独特魅力的同时,可以增强游客的文化认同感和归属感,提升游客的审美享受。

文艺演出中,个性化作品的打造不仅能够极大地提升游客的审美享受,更充分展现了地方文化的独有风貌,从而增强了游客对地方文化的了解。因此,支持文艺作品的独特性的培育,可为文旅演艺领域持续注入新活力与发展动能。多样性是文艺演出的另一个有力的支撑。目前,市场需求瞬息万变,游客对于审美愉悦的追求呈现出广泛性,他们渴望看到更多元、更有个性的演出作品。因此,文艺演出应该尊重并满足游客的这种需求,通过丰富多样的演出形式和个性化的表达方式,吸引更多游客走进剧场、参与互动。同时,多样性和个性化的作品也能够激发游客的共鸣和共情,提升他们的观演体验。

在这个过程中,还需要注重平衡和创新。平衡是指在鼓励多样性和个

性化的同时，也要遵循正确的价值观，并且尊重和保护地方传统文化和习俗。不能一味地追求新颖和独特而忽视了对传统的尊重与传承。创新是在保持传统文化精髓的基础上，运用现代科技手段和创意理念，为观众带来全新的观演体验。

2.深挖地方文化资源，打造地域特色文艺演出

精品文艺演出是提升文化旅游的核心竞争力。在日益激烈的市场竞争中，一个地方的文化旅游想要脱颖而出，不仅要有独特的自然风光和历史文化，更要有能触动人心、引起共鸣的精品文艺演出。这些精品可以是传统的民族艺术，也可以是现代的创新之作，它们共同构成了文化旅游的灵魂。

精品文艺演出的打造，需要深入挖掘当地的文化资源，结合现代审美和观众需求进行创新。地域文化包含本地的历史、民俗、艺术等多个方面。文艺演出作为传播和展示地域文化的重要途径，对增强游客的文化体验具有重要的意义。因此，在打造精品文艺演出时，各地可以地方历史文献、民间文学（如传说、故事等）为蓝本，借助地方戏曲戏剧（如瓦房店辽剧、复州皮影戏、大连木偶戏等）、曲艺（如复州东北大鼓、甘井子单弦牌子曲、辽南二人转等）、音乐（如长海号子、大连吹咔乐、普兰店新金民歌等）、舞蹈（如金州龙舞、大连长穗花鼓舞、旅顺鞭扇舞等）等具有当地特色的艺术形式进行生动的展示。深入挖掘这些资源，可以让观众更好地理解地方文化的独特性和魅力，为打造具有地域特色的精品文艺演出提供丰富的素材和灵感，提升演出的艺术价值和文化内涵。

这些展现地方文化独特魅力的精品演出除了需要具备以上特点外，还需要具备时尚感和普遍性、艺术性和观赏性。只有这样才能够突破地域和文化的限制，吸引更多的游客，让游客在欣赏演出的同时，感受到文化的

厚重和内涵。

（二）优化演出形式，提升游客体验

1. 运用现代科技手段提升演出效果

文艺演出需要在创新和优化演出形式的基础上，结合现代先进的科技手段，使演出实现飞跃性的提高和进步，以适应和迎合观众日益多元化的需求。技术的迅猛发展为重塑和提升文艺演出的质量和体验带来了更多的可能，极大地拓展了文艺演出的边界，催生出了前所未有的机遇和挑战。

与旅游相结合的传统表演往往以歌舞、戏曲等形式为主，虽然承载着丰富的历史底蕴，却因为缺少新颖元素在现今已略显陈旧，使观众产生审美疲劳。旅游演出行业目前正逐渐认识到提升观众互动体验的重要性。为了迎合观众需求，引入如互动剧和沉浸式表演等新颖表演方式显得尤为关键，这不仅能丰富观众的感官享受，同时也能有效提高其参与度。借助这些方式，观众能够更深入地沉浸于表演之中，进而提升他们的观看感受。

同样，现代科技为旅游演出带来了巨大的加持。现代科技在旅游表演中的广泛应用和其可能带来的深远影响应被持续关注。从虚拟现实（VR）到增强现实（AR），再到人工智能（AI）和大数据等，这些技术都为文艺演出带来了无限可能。例如，利用VR技术，观众可以身临其境地参与到演出中，获得沉浸式的观赏体验；AR技术则可以在现实世界中叠加虚拟元素，为观众带来更加丰富的视觉享受；AI技术则可以通过分析观众的习惯和喜好，为他们推荐最合适的演出内容和形式。通过运用前沿科技手段，观众将会进入一个全新的艺术世界，身临其境地感受艺术的魅力。这不仅能够让观众享受到卓越的视听盛宴，还能让整个表演更具吸引力。此外，需特别注意的是，现代科技手段要与表演内容相互结合。虽然，现代科技在艺术表演节目中起到了一定的作用，但最终决定节目品质高低的，还是

节目自身的质量。现代科技是工具，演出内容是核心。文艺演出借助现代科技手段，将核心的文化内容以创新的方式呈现出来，才能令观众真正地感受到精品文艺演出释放出来的能量和魅力。

2. 及时掌握观众需求

了解和掌握观众需求，是创作精品文艺演出的重要环节。这直接决定了文艺演出的被接受程度、影响力以及生命力。在艺术创作的过程中，深入把握观众心理期待、审美偏好以及文化背景，是打造既富有深意又广受欢迎的艺术成果的根本。为满足观众的需求，必须紧密跟踪市场趋势及观众反馈。社会的持续发展带动了观众审美观念的不断变迁与革新。创作过程中，要时刻把握市场的脉动，探寻观众关注的焦点，以及他们对文化艺术表演的期望与需求。同时，观众反馈也是文艺演出创作过程中至关重要的参考指标。通过汇总与分析观众的反馈意见，可以了解到作品的优缺点，进而针对性地进行修改、提升。

了解观众需求可以通过多种途径实现。例如，通过问卷调查、观众座谈会、社交媒体互动等方式收集观众的反馈意见；通过观察和分析观众的观演行为、消费习惯等方式了解他们的喜好和需求；通过与其他创作团队、文化机构、观众群体等进行交流、合作，拓宽视野和资源。

（三）强化市场推广，扩大影响力

1. 制定科学的市场推广策略，提高文艺演出的知名度和美誉度

强化市场推广是文艺演出过程中不可忽视的重要环节，不仅关系到一次演出能否成功，更关系到文艺演出的长远发展和影响力。

首先，要进行精确的市场定位，这需要明确了解观众的年龄、兴趣、消费习惯等特征，以确定他们的群体定位。透过细致的市场调查和数据分析，可以准确描绘出目标受众的特点，为他们量身打造最有效的营销方案

和推广策略。其次，采用多元的推广手段。在数字化时代，通过社交媒体、短视频平台以及网络直播等渠道，产品和服务的推广将变得更为高效。利用各类平台发布演出信息、精彩片段和创演团队介绍，以此吸引观众的注意力。还可以与主流媒体展开合作，通过电视、广播、报纸等渠道来扩大影响力。另外，举办一些与表演有关的活动，可以有效地提升文艺演出的知名度和美誉度。举办各种活动，如见面会和主题讲座，便于观众更全面地了解和熟悉文艺表演的背景故事和创作过程。这些互动活动不仅可以增进与观众的互动，还可以提高观众对演出的满意度。

此外，口碑营销的宣传力度也是不容忽视的。一场成功的表演通常会引起观众热烈讨论、推荐与传播。鼓励观众积极分享观演体验，通过口碑传播让更多的人了解到演出的信息，吸引更多的关注与热度。

奖励机制的设立也可以促使更多的人来关注文艺演出。例如，开展"邀请朋友观演"的促销活动，让观众在观赏演出、分享演出的同时，还能享受到优惠。只有通过不断创新和提升，满足市场和观众需求的变化，文艺演出才能在竞争激烈的市场中脱颖而出，吸引更多游客的青睐和支持。

2. 加强与旅游景区的合作，共同打造高品质文旅品牌

加强文艺演出与旅游景区的合作，共同打造文化旅游品牌，已成为当前文旅产业发展的重要趋势。这种合作模式不仅有助于提升旅游景区的文化内涵，丰富游客的旅游体验，还能为文艺演出提供更为广阔的舞台和更多的观众，促进文旅产业的繁荣。双方在共同努力和协作之下，才能够打造出更多具有文化内涵和旅游价值的文旅品牌，为游客带来更加丰富多彩的旅游体验，从而进一步实现"以文塑旅、以旅彰文"的目标，让广大游客能够沉浸式地体验"文旅融合"的成果。

参考文献

[1] 马振. 非物质文化遗产的旅游生产性场域研究 [M]. 北京：九州出版社，2018.

[2] 党云峰. 触摸时代脉搏，打造文艺精品 [N]. 中国文化报，2023-08-23(002).

[3] 覃皓珺. 促进文艺精品与文旅产业双向赋能 [N]. 经济日报，2024-02-06(012).

文旅融合视域下大连非遗研学游开发利用研究
——以舞台表演类非遗项目为例

近年来，文化旅游中非遗研学游受到高度欢迎和追捧，成为文旅融合的一大新增长。随着人们生活水平的提高和旅游观念的转变，越来越多的游客开始注重旅游的文化内涵和体验感，而非遗研学游正是满足了这些需求。在非遗研学游中，舞台表演类项目以其独特的魅力吸引着游客的目光。因此，舞台表演类非遗项目的研学游开发，集合了发展非遗旅游与弘扬地方表演艺术的双重优势，既满足了游客对文化旅游的更高需求，也增强了旅游产业的竞争力。

目前，我国一部分城市在非遗研学游这个领域已经取得了一定的成绩。在这一方面，大连仍然处于起步阶段。因此，在文旅融合的大趋势下，对大连非遗研学游的开发和利用成为十分必要的议题，具有重要价值和意义。非遗研学游作为文化和旅游的结合点，具有巨大的潜力和市场前景。大连拥有丰富的非遗资源，尤其是舞台表演类非遗项目。如何将这些资源转化为研学游产品，无疑是当前的重要议题。通过全面梳理和归纳大连的非遗资源，明确各类非遗项目的特点与现状，进而结合市场需求和游客兴趣制定针对性开发策略，这既能有效推动大连非遗研学游的发展，也能促进文旅深度融合。

本课题将以大连地区舞台表演类非遗项目为例，探讨大连开展非遗研学游，以期为旅游业提高经济效益的同时，使更多人领略到大连地域文化和艺术的独特魅力。

一、大连非遗研学游发展的必要性和可行性

（一）发展的必要性

1. 政策导向

2021年8月，中共中央办公厅、国务院办公厅联合印发的《关于进一步加强非物质文化遗产保护工作的意见》（以下简称《意见》）中指出："在有效保护前提下，推动非物质文化遗产与旅游融合发展、高质量发展。深入挖掘乡村旅游消费潜力，支持利用非物质文化遗产资源发展乡村旅游等业态，以文塑旅、以旅彰文，推出一批具有鲜明非物质文化遗产特色的主题旅游路线、研学旅游产品和演艺作品。支持非物质文化遗产有机融入景区、度假区，建设非物质文化遗产特色景区。"《意见》对新时代非遗旅游活化工作提出了更高要求，也为探索中国特色非遗旅游活化模式指明了方向。非物质文化遗产与旅游的深度融合已经成为新时代的必然趋势。非遗旅游活化，旨在让非物质文化遗产在旅游业中得到更好的保护与传承，同时为旅游提供新的文化内涵和吸引力。

《意见》同时指出："增强表演艺术类非物质文化遗产的生命力"，"提高传统音乐、传统舞蹈、传统戏剧、曲艺、杂技的实践频次和展演水平，深入实施戏曲振兴工程、曲艺传承发展计划，加大对优秀剧本、曲本创作的扶持力度"，《意见》着力强调了对表演类非遗项目的保护传承和发展，也为文旅融合的发展指明了方向。

2. 非遗发展的需要

非物质文化遗产是中华优秀传统文化的重要组成部分，是中华文明连

续性、创新性、统一性、包容性、和平性的有力见证。随着现代化进程的加速，许多非物质文化遗产面临着传承困难甚至消亡的危险。非遗研学游的开发和利用为非物质文化遗产的保护传承和发展提供了优良的平台。非遗研学游可以让更多的人了解和认识非物质文化遗产，提高社会的保护意识，为非物质文化遗产的传承和发展提供有力的支持。

通过研学游，人们可以亲身接触和体验非物质文化遗产，深入了解其历史渊源和独特魅力，从而增强对非遗文化的兴趣和热爱。在旅游开发过程中，对非物质文化遗产进行挖掘、整理和呈现，这本身就是一种保护和传承的过程。同时，吸引更多的游客参与研学活动，可以为非遗传承人提供更多的传承机会和经济效益，间接促进非物质文化遗产的可持续发展。此外，非遗研学游还有助于非物质文化遗产的创新发展。在研学游中，通过与游客的交流和互动，传承人与相关从业者可以了解到大众对非物质文化遗产的想法与期望。这种跨界的交流与合作能够为非遗工作注入新的创意和活力，推动非遗不断创新发展，更好地适应时代的需求。

舞台表演类非遗项目通常以当地的文化传统和历史背景为依托，通过精彩的表演形式展现出丰富多彩的文化内涵。无论是传统歌舞、地方戏曲，还是民间绝技，都具有极高的观赏价值和艺术内涵，让游客在欣赏表演的同时，领略到不同地域的文化魅力。表演类项目的受欢迎程度与其独特性、互动性和参与性密不可分。与传统旅游景点相比，表演类项目更加注重游客的参与和体验，让游客身临其境地感受当地文化的韵味。比如，一些表演会邀请游客参与其中，与演员进行互动交流，或者让游客尝试一些当地的特色技艺，让游客更加深入地了解当地文化的内涵和特点，以达到非遗研学游的最终目的。

3. 对旅游经济的促进

随着全球化的加速和人们生活水平的提高，旅游已经成为人们休闲娱乐的主要方式之一。旅游业给旅游地带来非常可观的收益，甚至成为很多地区或城市的支柱产业。然而，在旅游业蓬勃发展的同时，也面临着一些瓶颈和挑战。其中，最为突出的问题就是旅游产品同质化严重，缺乏特色和创新。在这样的背景下，如何开发和创新更具吸引力的旅游路线和产品成为旅游业发展的核心要义。非物质文化遗产作为彰显地域特色的文化元素，成为旅游业开发的重点，对旅游经济的益处也日益显现。首先，开发非遗研学游有利于推动当地经济的发展。非遗研学游的核心是感受和体验当地的非物质文化遗产，这种旅游方式需要研学对象在当地停留较长时间，深入了解当地的文化和生活。这就会带来住宿、餐饮、交通等方面的消费，为当地经济带来可观的收入。其次，非遗研学游还能够带动相关产业的发展，如手工艺品制作、文化创意产业等，可进一步推动当地产业的多元化和转型升级。再次，开发非遗研学游有利于提升旅游的文化品质。随着旅游市场的竞争加剧，旅游产品的文化品质成为吸引游客的重要因素之一。非遗研学游作为一种文化旅游产品，能够让研学对象深入了解当地的文化内涵和历史底蕴，增强研学对象的文化感受和体验。最后，开发非遗研学游有利于促进旅游的创新发展。非遗研学游作为一种新型的旅游方式，需要针对不同地区的优势和特色进行创新设计与开发。这也会促进旅游业的创新发展，推动旅游产品的多样化和个性化，吸引更多的游客来到大连，从而提高旅游相关的经济效益，推动大连经济的发展。

（二）发展的可行性

1. 非遗方面具备的发展条件

2007年以来，大连市开展了三次全市性普查工作，以实地调查为主，运用文字、录音、录像等多种手段对全市传统文化艺术资源开展"地毯式、拉网式"普查，共收集整理非遗资源线索1万余条，基本掌握了大连地区重要非物质文化遗产资源的种类、数量、分布状况、生存环境及保护现状。

截至2024年，大连市共有市级以上非物质文化遗产项目222项，其中列入联合国教科文组织非物质文化遗产项目名录的有2项。大连舞台表演类非遗涵盖了非遗10大门类其中的4个，包括：传统戏剧、传统音乐、传统舞蹈、曲艺。其中，传统戏剧类典型项目有复州皮影戏、大连木偶戏、辽剧、庄河皮影戏、金州皮影戏等；传统音乐类典型项目有长海号子、复州双管乐、复州鼓乐、大连吹咔乐、新金民歌、金州古琴音乐、辽南古诗词吟咏等；传统舞蹈类典型项目有金州龙舞、金州狮舞、复州高跷秧歌、马桥子太平鼓舞、凌水街道"花篮蝴蝶"秧歌、凌水街道"四大海"秧歌、庄河单鼓舞等；曲艺类典型项目有复州东北大鼓、庄河东北大鼓、单弦牌子曲、辽南二人转等。

上述项目所涉非遗门类广、数量大、内容丰富，且极具大连本土艺术特色，是非遗研学游可充分加工利用的优质资源。以这些项目为基础开展的非遗研学游能够让游客们亲身体验、了解和学习非遗的技艺与精神，帮助研学者从书本中走出来，从固化的生活中走出来，亲身感受大连非遗的无穷魅力。

2.旅游资源方面具备的条件

大连是一座集自然景观、人文历史于一体的旅游城市，其以优越的地理位置及多样的旅游资源，吸引着络绎不绝的中外游客。大连丰富的旅游资源为大连非遗研学游的开发提供了有力的支持。大连位于辽东半岛的最南端，濒临黄海，自然景观优美丰富。金石滩风景区是集旅游、度假、休闲于一体的全国著名的海滨沙滩之一。此外，星海公园、星海广场、傅家庄公园、老虎滩海洋公园、大连森林动物园、大连西郊国家森林公园、大黑山风景区、小黑山风景区、滨海路沿线、棒棰岛风景区、旅顺老铁山风景区、庄河冰峪沟风景区、长海诸岛等景点,也都是国内知名的旅游打卡地。

此外,大连的人文历史资源也非常丰富,有以旅顺大船坞、水师营、南子弹库等为代表的清代北洋水师遗址;有以椅子山堡垒、二龙山战场旧址、蛮子营炮台遗址等为代表的中日甲午战争遗址;有以东鸡冠山堡垒、电岩炮台、二〇三高地等为代表的日俄战争遗址;有以大连港、大连机车厂、大连造船厂、大连冷冻机厂等为代表的近代工业遗址;有以太阳沟近代建筑群、俄罗斯风情街建筑群、南山日本风情街建筑群、东关街建筑群、凤鸣街建筑群等为代表的近代建筑群;有以旅顺博物馆、旅顺日俄监狱旧址博物馆、小珠山遗址博物馆、大连汉墓博物馆、关向应纪念馆、中华工学会旧址纪念馆等为代表的博物馆、纪念馆。

这些丰富的旅游资源为大连非遗研学游的开发提供了得天独厚的条件,使大连成为开展非遗研学游活动的理想之地。借助这些丰富的旅游资源,大连非遗研学游可以设计出丰富的、寓教于乐的项目及路线,为大连非遗研学游的开发提供更为广阔的空间和机遇。

二、非遗研学游的发展现状

(一)全国非遗研学游的现状

随着人们对传统文化的重视和旅游需求的多样化,非遗研学游逐渐成为一种新兴的旅游方式。非遗研学游是指以非遗项目为载体,通过学习和体验传统技艺、民俗文化等活动,提升旅游者的文化素养和旅游体验。目前,全国非遗研学游的发展现状呈现以下两个特点:一是政策支持力度不断加大。为了推动非遗研学游的发展,国家相继出台了一系列政策措施。例如,

2016年11月30日，教育部、国家发展改革委等11部门联合印发《关于推进中小学生研学旅行的意见》，要求各地将研学旅行纳入学校教育教学计划，促进非遗传承和旅游发展有机结合。二是非遗研学游产品日益丰富。目前，全国各地的非遗研学游产品涵盖了传统技艺、民俗文化、民间音乐、传统戏剧等多个领域。例如：在浙江、安徽等地，游客可以参加制茶、制陶、扎染等非遗技艺的体验活动；在河南、河北等地，游客可以了解当地的传统戏曲、舞蹈等。

目前，全国各地纷纷开展有关非遗研学游的相关工作，并取得了不同层次的成绩和效果。舞台表演类非遗研学游是非遗研学游的重要组成部分，很多地区已经对该类别研学游项目进行了开发和利用，并备受关注。如闽南歌舞研学游、陕西戏曲研学游、成都川剧变脸研学游、西安民间艺术表演研学项目、泉州木偶戏研学游、嵊州越剧研学游、唐山皮影研学游等表演类非遗研学游项目。越来越多的舞台表演类非遗项目逐渐被吸纳到研学游的队伍中来，不断地促进当地旅游业发展，助力加快传统文化保护传承的步伐。

（二）大连非遗研学游的现状

大连作为中国的重要沿海城市，拥有丰富的非物质文化遗产资源。因此，非遗研学游在大连具有很大的开发潜力和市场前景。但目前大连市非遗研学游仍处于起步阶段，缺乏系统性和整体性，很多项目仍处于零散状态，没有形成完整的产业链和商业模式，并且，缺乏专业人才和相关支持，导致项目的质量一般，可持续性难以得到保障，社会认知度不高。这也导致很多人对于非遗研学游项目的价值和意义仍缺乏认识和了解。

目前，大连非遗研学游较为成规模的平台主要有：大连市非物质文化遗产保护中心数字化展厅，位于西岗区香一街，隶属于大连市文化和旅游局。该馆以实物陈列加数字化手段展示复州皮影戏、庄河剪纸、金州龙舞、复州东北大鼓、长海号子、复州双管乐、大连核雕这7个大连市现有的国家级非物质文化遗产项目为主，配以部分省级及市级项目。馆内设有全息投影、数字化查询一体机、高清投影等设备，集项目展示、互动教学、信息查询等功能为一体，是大连市迄今为止唯一的公立且功能性最为全面的非遗展馆。金家街非遗馆位于大连市甘井子区椒金山街道金家街公园旁，该址在原有旧厂房的基础上装修改建而成。该馆由"大连特色""非遗时空"展馆及剧场三部分组成，集非遗项目展示、现场展演、大型道具展示、非遗文创产品售卖为一体。"东沟五坊"位于大连市金普新区石河镇东沟村，以五坊街区原有的豆腐坊、磨坊、油坊、粉坊、酒坊为核心，后经过拓展改造、硬件升级，先后引进了包括复州皮影戏、大连木雕、面塑等非遗项目，集项目展示、互动教学、衍生品售卖于一体，是现有的大连市非物质文化遗产教育基地之一。上述三个平台的功用主要集中在项目展示和互动教学上，单就非遗研学游而言，无论是项目遴选、课程设计、课时接续性规划，还是设施设备、师资培训等方面均亟待完善。

三、国内成功研学游案例分析

《文化和旅游部关于推动非物质文化遗产与旅游深度融合发展的通知》（以下简称《通知》）发布。《通知》明确提出："非物质文化遗产的有机融入能进一步丰富旅游景区、度假区、休闲街区、乡村旅游重点村镇、红色旅游经典景区等旅游空间的文化内涵，提升文化底蕴。对在旅游空间范围内传承的非物质文化遗产代表性项目，要加强保护传承，提升展示利用水平。鼓励从当地非物质文化遗产与旅游融合发展推荐目录中选择适合的代表性项目进旅游空间"；"推动建设一批特色鲜明、氛围浓厚、当地群众和游客认可的非物质文化遗产特色景区"。

(一)泉州木偶戏研学游

泉州木偶戏,又称为"提线木偶戏",福建省泉州市传统戏剧是国家级非物质文化遗产之一,源于汉代,是泉州地区最具有代表性的地方戏剧种。这些木偶通常高约 0.6~0.9 米,通过多条线连接至顶部的小舞台,由技艺高超的演员操纵表演。泉州木偶戏以其细腻的表演、丰富的剧目和精湛的技艺,赢得了"东方艺术珍品"的美誉。2012 年,以泉州木偶戏为主体的"福建木偶人才培养计划"入选联合国教科文组织人类非物质文化遗产"优秀实践名册"。

泉州木偶戏的表演内容丰富多样,涵盖了历史故事、民间传说、神话传说等。演员们通过操纵木偶,使其表现出各种情感和动作,生动地再现了各种人物形象,同时,配以传统的音乐和唱腔,使得整个表演充满了浓郁的艺术氛围。泉州木偶戏的魅力不仅仅在于其独特的表演形式,更在于其所承载的文化内涵。泉州木偶戏中的传统剧目有许多弘扬了中华民族的传统美德,如忠诚、勇敢、善良、智慧等。这些美德在木偶戏的表演中得到了生动的诠释,使得观众在欣赏艺术的同时,也能感受到传统文化的熏陶。如今,泉州木偶戏已经成为泉州文化的一张名片。在国内外各种文化交流活动中,泉州木偶戏的表演总能引起观众的惊叹和赞誉。它不仅展示了泉州文化的魅力,也向世界展示了中华传统文化的博大精深。

位于清源山脚下的泉州木偶剧院是泉州市的一个著名文化场所,是泉州提线木偶集中展示的大舞台,也是泉州提线木偶的研学基地,为泉州木偶提供了一个集教学、表演、研究为一体的广阔平台。走进泉州木偶剧院,观众仿佛穿越时空,置身于千年的文化长河之中。在这里,观众不仅可以欣赏到经典的木偶剧目,还可以看到木偶们栩栩如生地演绎着各种角色,无论是威武的将军、婀娜的舞姬，还是平凡的百姓、机智的丑角，都展现得淋漓尽致。然而，泉州木偶剧院并没有满足于传统的表演形式和技艺。表演者深知，只有不断创新，才能让这门古老的技艺在当今社会中焕发出新的生机。因此，他们与现代科技紧密结合，将传统的木偶表演与现代的声、光、电等元素相结合，打造出更为震撼的视听效果。同时，他们还积极探索与其他艺术形式的跨界合作，为观众带来更加多元、丰富的艺术体验。此外，在这里，游客们还可以参加各种互动体验活动，了解木偶的制作过程，甚至可以尝试自己操作木偶，感受这种古老艺术的独特韵味。除此以外，剧院还经常组织艺术家与观众的交流活动，让更多的人了解和关注木偶艺术，为非遗研学游注入新的活力。

泉州木偶戏研学游在文化传承与创新发展方面的经验，对大连开发研学游极具借鉴意义。其一，大连可学习泉州深度挖掘本土特色文化，将贝雕、剪纸、皮影戏等非遗资源转化为研学核心内容，打造具有城市辨识度的文化名片；其二，依托特色文化场所建设集教学、表演、研究于一体的研学基地，如利用历史建筑或滨海资源，为研学活动提供沉浸式空间；其三，借鉴泉州木偶剧院的创新模式，大连可将现代科技融入研学项目，例如通过 VR 技术还原历史场景、海洋生态，同时探索与音乐、绘画等艺术的跨界合作，丰富研学形式。

（二）西安皮影戏研学游

西安永兴坊是陕西非遗特色街区和"网红"景区，是陕西省非物质文化遗产生产性保护示范基地。在文旅融合不断深化，持续推进"非遗+景区"深度融合的背景下，永兴坊将非遗、旅游与研学三者有机地融合在一起，成为西安非遗研学游的必打卡地。永兴坊是在唐朝魏征府邸旧址原址上建造的，为古城再添了一个"坊"式的精品项目。项目总占地 15 亩，东西长130米，南北宽88米，主要由关中牌坊和具有民间传统的建筑群组成。永兴坊以非遗创新传承发展为基础，以传承再造为发展核心，深耕陕西非遗，通过非遗美食、非遗演艺、非遗手工艺、非遗文创等全面展示陕西传统文化，体现活态传承理念，形成独特的非遗生活文化。

永兴坊里面有一个四方的戏台，在这里，每晚都会上演如秦腔、华阴老腔、陕北秧歌、子长唢呐、陕北腰鼓等节目，以致敬非遗的姿态，肩负传承创新发展非遗的历史使命。永兴坊结合现代年轻人对传统文化的认知，以及永兴坊特有的文商旅融合特色，将戏曲演艺、研学和非物质文化遗产体验融为一体。这里打造了40多个特色戏曲剧目，包含关中、陕南、陕北三个区域的戏曲表演。你可以欣赏到秦腔、眉户、碗碗腔、阿宫腔、华阴老腔、木偶戏、皮影戏等精彩演出。此外，还有戏曲知识推介、研学活动等。老街里的非遗剧场以及陕西戏曲非遗博物馆，给传统戏曲文化提供了更大、更广、更优质的展示和传播的舞台。据悉，在未来，戏曲非遗博物馆将容纳更多的演艺形式和剧目，为游客带来更加丰富的文化体验内容，把传统文化的弘扬、推广和传播落到实处。

西安皮影戏研学游在非遗与研学融合方面的实践，有诸多值得大连开发研学游学习借鉴之处。其一，在选址上，大连可挖掘具有历史底蕴的场地，如利用老建筑、旧址打造特色研学基地，像永兴坊依托唐朝魏征府邸旧址，赋予研学深厚的文化根基；其二，业态融合模式值得借鉴，大连可整合本地非遗美食、传统手工艺、特色演艺等资源，通过"非遗+旅游+研学"模式，形成独特的研学体验业态，如永兴坊以非遗美食、演艺、文创等全方位展示文化；其三，在文化展示与传播上，大连可搭建如非遗剧场、主题博物馆等平台，像永兴坊的戏曲非遗博物馆，不仅展示戏曲非遗项目，还持续创新演艺形式，为传统文化传播提供广阔空间，助力大连研学游成为传承城市文化的重要载体。

（三）四川川剧变脸研学游

川剧是国家级非物质文化遗产项目，是中国戏曲艺术的瑰宝之一，有着悠久的历史和独特的艺术魅力。它起源于四川地区，融合了多种地方戏曲元素，形成了自己独特的表演风格和声腔体系。川剧以高亢激越、优美动听的唱腔和精湛细腻的表演技艺为主要表现手段，对演员的表演要求非常严格，需要经过长期的训练和实践才能掌握。川剧的剧目也非常丰富，涵盖了历史故事、民间传说、神话传说等多个领域，具有很高的艺术价值和观赏价值。

成都川剧艺术公园——蜀园，位于成都市成华区，是一个集川剧表演、研学、艺术交流、文化体验于一体的特色公园，是川剧艺术的研学基地。这里不仅是成都市民休闲娱乐的好去处，也是国内外游客感受四川文化和艺术魅力的理想之地。蜀园的设计巧妙地结合了川西园林的特色和川剧的艺术元素。游客走进园区，仿佛进入了一幅立体的川剧艺术画卷。精心设计的园林景观、独具特色的戏楼、专业的演出舞台，以及丰富多样的川剧艺术展览，共同营造出浓厚的艺术氛围。

蜀园内设有多个川剧表演剧场，观众可以近距离欣赏到川剧的魅力。舞台上，演员们身着华丽的戏服，以精湛的技艺演绎着经典剧目，让观众沉浸在川剧的艺术世界中。此外，蜀园还设有川剧博物馆，详细介绍了川剧的历史、发展和特点，让游客深入了解这一地方戏剧的独特魅力。除了川剧表演，蜀园还有许多富有四川特色的文化体验项目。游客可以在这里品尝地道的四川小吃，购买各种川剧艺术衍生品和特色手工艺品。此外，园区还设有专门的儿童活动区，让孩子们在玩耍中感受川剧艺术的乐趣。

对于学生和戏剧爱好者来说，蜀园这一川剧研学基地是一个难得的学习场所。在这里，他们可以参加川剧表演培训课程，学习川剧唱腔、表演技巧和舞台调度等方面的知识。同时，基地还邀请了业内知名专家和艺术家举办讲座和研讨会，为学员们提供了一个与业界精英交流学习的平台。除了学术交流，蜀园还积极开展文化活动和社会公益事业。例如，定期举办川剧演出、文化节庆活动和社会公益演出等，旨在传承和弘扬川剧文化，丰富人民群众的文化生活。此外，蜀园还承担着一定的社会责任，为川剧传承培养后备人才，推动地方戏剧艺术的持续发展。总之，蜀园作为川剧研学基地，为川剧艺术的传承和发展作出了积极贡献。这里不仅是一个欣赏川剧表演的好地方，更是学习和了解川剧艺术的绝佳场所，令川剧这一古老的艺术形式焕发出更加绚丽的光彩。

四川川剧变脸研学游在多方面都有值得大连开发研学游学习借鉴之处。其一，大连可像蜀园依托川剧一样，深入挖掘本地特色文化资源，打造具有代表性的主题研学基地，将城市文化与自然景观巧妙融合，塑造独特的研学品牌形象；其二，蜀园集表演、展览、体验、培训于一体的多元化运营模式值得借鉴，大连可构建综合性研学空间，设置丰富的体验项目，如海洋文化体验、传统手工艺制作等，满足不同群体需求；其三，大连可借鉴蜀园通过举办研讨会、邀请专家交流等形式，积极搭建专业交流平台，开展公益文化活动，吸引更多人参与研学。

四、大连非遗研学游发展路径研究

（一）非遗驻景区研学游

非遗是旅游的优质资源，旅游是传播非遗的重要渠道之一，二者融合发展有着深厚的基础和广阔的前景。推进非遗创造性转化和创新性发展，展示非遗时代魅力，彰显非遗时代价值，既是非遗和旅游深度融合发展的目标，也是二者深度融合发展的路径。以"非遗+旅游"的模式为景区引流，用丰富多样的非遗产品吸引各类人群走进景区，是非遗项目研学拓展的新路径与新渠道。

近年来，大连"非遗+旅游"的成功案例不在少数。如在2021年"五一"期间，非遗项目走进星海广场；在2022年"十一"期间，非遗项目走进老虎滩海洋公园；在2023年"文化和自然遗产日"期间，非遗走进旅顺清风小镇影视基地景区等。上述"非遗+旅游"的诸多尝试，无论从结合形式、项目入围、时间节点选择、场所安排等都较为用心，并取得了预期的效果。但就非遗研学游而言，这种非遗进景区的"1.0版本"，显然还有很多可以提升的空间。非遗研学游最基本的要求是必须具备一个固定的场所，这就必定要求非遗进景区升级为"2.0版本"——非遗驻景区。如西安永兴坊案例，将陕西传统戏剧类非遗项目常驻在景区内，以展演、展示、研学、体验为手段，吸引了络绎不绝的游客来到此地。由此，建议在大连目前现有具备非遗研学游硬件条件的知名景区，及今后欲规划建设的重要景区、景点中，设置可供非遗项目入驻的场地或场馆。以非遗带动流量，再以流量反哺研学游参与者数量，从而达到旅游与非遗研学游共赢的目的。

（二）依托展馆剧场，提升研学游宽度

在中国的广袤大地上，非遗如同一颗颗璀璨的明珠，闪烁着耀眼的光芒。近年来，随着人们对传统文化的重视程度加深，非遗逐渐成为研学游的重要载体。依托非遗展馆，不仅可以让游客近距离感受传统文化的魅力，更能够提升研学游的宽度和深度。在这里，游客可以深入了解各种非遗项目的历史渊源、制作技艺和文化内涵，从而对传统文化有更加全面和深入的认识。与传统的研学游相比，依托非遗展馆的研学游具有更加广泛的覆盖面和更加深入的参与度。游客可以在展馆内亲自动手体验非遗项目的制作过程，从而更加深入地了解传统文化的精髓和魅力。同时，通过与非遗传承人的交流和学习，游客可以更加全面地了解传统文化的传承和发展，从而增强文化自信和民族自豪感。依托非遗展馆提升研学游的宽度，需要我们从以下几个方面入手。首先，要加强非遗展馆的建设和管理，提高展馆的展示水平和文化内涵，为游客提供一个更加优质的研学环境。其次，要丰富研学游的内容和形式，除了传统的参观和讲解外，还可以组织各种形式的非遗体验活动，如制作手工艺品、表演传统技艺等。最后，要加强与非遗传承人的合作和交流，邀请他们参与到研学游中来，为游客提供更加专业和深入的指导。

上文曾提及大连市非物质文化遗产保护中心数字化展厅及金家街非遗馆两处大连市现有较为成型的非遗展馆。其功用主要集中于传统的实物及数字化展示层面。建议以上述两处展馆为代表的具有一定软、硬件基础的展馆，除继续保持其应有的展示、展览功能外，应在课程设置、课时安排、师资保障等条件确保优质稳定的前提下，集中精力开发、拓展非遗研学游项目。如大连市非物质文化遗产保护中心数字化展厅中的舞蹈排练室，可拓展为研学教室使用；金家街非遗馆小剧场，在演出空闲之余，可用于与其同在甘井子区内的单弦牌子曲项目进行展示、展演活动；庄河市文化馆剧场，可作为庄河皮影戏研学使用；金普新区文化馆剧场，可作为金州皮影戏研学使用等。另外，舞台表演类非遗项目相关剧团排练、演出场地（剧场），在满足相关条件的前提下，结合自身地域及项目的优势大力开展非遗研学活动。如，大连市文化馆（大连市非物质文化遗产保护中心）群星剧场（隶属于大连市文化馆，大连市文化馆木偶皮影剧团等排练、演出场地）可用于开展复州皮影戏、大连木偶戏等项目的研学；瓦房店人民剧场（隶属于瓦房店市文化馆，瓦房店市辽剧团、瓦房店皮影剧团等排练、演出场地）可用于开展大连辽剧、复州皮影戏、辽南二人转等项目研学等。

（三）发展地域资源优势，制定更为完善的研学游路线

旅游是非遗研学重要的依托，也是非遗研学游中必不可少的一个核心元素。旅游与非遗研学的结合互惠互利，相得益彰。若想制定更为完善的非遗研学游路线，可以从以下三点着手：第一，拓展原有旅游路线。以大连市现有的，特别是较为成熟、较为经典的旅游路线为基础，将非遗研学项目嵌入其中，进行展示。可以在路线中将非遗驻景区相关项目所在场所规划到游览该景区的必经区域，或者在原有路线的基础上加入非遗研学场所（非景区内的），形成新的旅游路线。第二，设立非遗研学专题旅游路线。截至目前，大连市已有市级及以上非遗项目近200项，大连应当发挥非遗的优势，打造符合自身特点、发挥自身特长的非遗研学游路线。如舞台表演艺术类路线，可选择复州皮影戏、大连木偶戏、新金民歌、长穗花鼓舞、金州龙舞、长海号子、"四大海"秧歌等项目；手工技艺类路线，可选择庄河剪纸、大连核雕、面塑、金州老菜传统烹饪项目等。第三，打造舞台表演类非遗项目旅游专场晚会。现今，全国主要旅游城市，也包括大连在内，都先后打造过以城市历史文化、传说故事、地域特色等为主题的旅游专场晚会或大型表演。但是完全以非遗项目作为展示内容的专场演出却并不多见。因此，可以尝试打造以大连市舞台表演类非遗项目为核心内容的旅游专场演出，并借此作为非遗研学游的一种尝试和拓展。该晚会可以采取独立项目专场演出或多个项目组合演出的呈现形式。就独立演出而言，可选择项目内容体量较大、在省内外知名度较高的、具有大连地域特色代表性的项目，如复州皮影戏专场演出（可演出一部完整的大戏，或演出几出小戏、折子戏）、长海号子专场演出（可演出一台完整的情景剧或展示不同

号子演唱形式的组合）、新金民歌专场演出等。就组合演出而言，可选择不同舞台表演类非遗项目，以独立节目串联展示的形式，共同构成一台完整的晚会。复州皮影戏、大连木偶戏、辽南二人转、长穗花鼓舞、复州鼓乐、大连吹咔乐、复州双管乐、新金民歌、金州龙舞、旅顺鞭扇舞、复州高跷秧歌等特色鲜明的项目，均可被考虑纳入其中。

（四）以借力，求共利

"以借力，求共利"所指的是借助大连市现有的较为成熟、成功的研学基地，将舞台艺术类非遗项目嵌入其中。一方面使得原有研学基地在研学内容方面有所丰富，另一方面使得相关非遗项目有了可以用于研学的稳定场所。这种结合可以使二者互惠互利，共同发展，共同提高。

大连现有的较为成熟的非遗研学基地，如2021年6月成立的1930·冰山工业文化展览馆（原大连冷冻机厂铸造工厂）国家工业遗址研学基地。其将工业文化展示、生产工艺展览、科普知识教育有机结合为一体，以图片、文字、实物为主题，以声、光、电等媒体为辅助，展示制冷技术。在该研学基地讲解教学区域设置如复州皮影戏、大连木偶戏等传统戏剧类非遗项目，能够为游客提供多样的展示及研学内容。挂牌于2019年的大连老码头红色教育培训基地，见证了大连这座海滨城市的百年发展史。这里有红白灯塔、信号台、十五库、老码头史迹馆、城市原点等大连知名的地标建筑。可以考虑将长海号子、"四大海"秧歌等项目置于基地，让游客在尽览大连港百年发展史的同时，了解以海为生的渔民劳作及庆祝丰收的场景。入选辽宁省中小学生研学实践教育基地的大连金石滩旅游度假区拥有十分丰富的旅游资源，沙滩、大海、贝壳、大连滨海国家地质公园、伟人历史珍藏馆、华夏文化博物馆、奇幻艺术体验馆、金石蜡像馆、生命奥秘博物馆、金石滩太空小镇等汇聚于此。可考虑将新金民歌、长穗花鼓舞、旅顺鞭扇舞等项目融入金石滩研学基地中,让游客在享受海洋休闲时光的同时,能够近距离地接触大连地域特色艺术,感知大连人文资源的魅力。同时,将歌舞类表演安排在大型景区当中,本身也是对景区游览环节的一种丰富与提升。

从民俗文化机体中衍生出的文旅融合之路

随着文旅融合的蓬勃发展，民俗文化在旅游行业的发展势头越来越强大。国家在文旅领域的发展政策，以及人民日益增长的精神文化需求，为民俗融合文化旅游创造了更多的蓬勃发展的空间和机遇。因此，深入探讨和分析文旅融合背景下民俗文化建设开发的多种可能和路径，将会为中国民俗文化、少数民族文化区域的可持续性发展提供参考，并为广大地区探索地域新文旅产业提出实际对策，以推动当地经济社会不断向前发展，使各地民众体会到民俗文化带来的更深层的文旅体验。

一、以民俗文化为基底，开展文化与旅游的融合

（一）民俗文化与文化旅游互为共生

民俗文化，又称为传统文化，是民间民众的风俗生活文化的统称。也泛指一个民族、地区中集居的民众所创造、共享、传承的风俗生活习惯。是在普通人民群众（相对于官方）的生产生活过程中所形成的一系列非物质的东西，包括民俗及民众的日常生活。它不仅仅是一种生活文化，更是一种精神文化。因此，"生活文化"一词也成了对民俗文化的一种概括。

文化旅游，简称文旅，是一种以探索、体验和欣赏人类文化为目的的旅行活动。其核心在于通过旅游活动来实现对人类文化的感知、了解和体察，旨在让旅行者深入了解不同文化背景，探索历史文化的精髓，并参与当地举办的各类活动，以此来满足旅行者的各种文化需求。

民俗文化的独特性质与当今旅游业的发展趋势相吻合，这使得它成为文旅融合产业的核心资源，为文化旅游的持续发展提供了强大的动力。民俗文化的发掘和保护对于促进旅游业的发展至关重要。旅游业是一个充满文化气息的产业，旅游者和经营者之间所达成的协议虽然是经济的，但旅游者可以从中获得精神上的满足感，从而获得更多的文化精神享受。民俗旅游项目在适应人们多元文化需要领域发挥着充分作用，这也符合当今旅游业的发展态势。

现在，民俗文化融入文化旅游不仅仅是为了娱乐化，更是想要发掘民俗文化的经济价值，使其走上市场经济的道路，为现代生活提供更多的服务。然而，要想让中国民俗文化与文化旅游发展持续融合，并产生长久的经济效益和社会效益，就需要注重旅游文化研究，以此推动人文景观工程建设，同时也需要不断提升民俗旅游商品的美学服务质量和文化品位，以吸引更多游人驻足。

（二）发展民俗文化旅游的重要意义

民俗文化与文化旅游的融合具有巨大的潜力，世界各国都非常重视发展本国的现代民俗旅游业。如何通过民俗文化来招揽游客，已经变成各国旅游业争夺的一个发力点。各个地区由于其特殊的环境和历史文化境遇，形成了不同特点的民俗传统文化体系，这是珍贵的世界遗产，也是极具经济价值的观光资源。伴随着民俗文化的挖掘，文化旅游也在不断壮大。民俗文化旅游不仅能够再现各个历史时期及各民族的传统文化和风俗，还能满足人们对新鲜事物的渴望，促进人们对知识的探索和对社会文化的认同。因此，民俗文化融入文化旅游发展已变成当今文旅融合的一个重要趋势。

二、民俗文化旅游的发展机遇

（一）利好的发展政策

2006年以来，相关政府职能部门制定并颁布了一系列旨在推动旅游业发展的相关政策，以适应国家经济发展的趋势和改革的要求，为文旅项目与民俗文化、第三产业和区域经济的结合提供了有力的支持。随着政府推出的一系列针对文旅项目的利好政策，发展民俗文化旅游业成为炙手可热的文旅融合新赛道，因其不仅可以获得巨大的经济收益，还可以获得政府资金支持和技术支持，从而实现更大的发展潜力。

（二）人民对旅游休闲项目的需求

随着我国经济的发展和民众日常生活质量的提升，人们对精神文化的需求也越来越大，旅行活动也变得更加受欢迎。特色文化旅游项目，如民俗游、周边游等，更能引起人们的关注。以民俗村、自然资源村为中心的民俗文化发展也为普通民众出游提供了更多的选择，让他们能够更好地得到休闲和放松。

三、民俗文化与文化旅游融合发展的路径

（一）政府主导与人才扶持

文化旅游融合发展绝非简单的"1+1=2"，而是一个系统复杂的工程，需多方协同与深度交流。这一过程涵盖文化保护、资源整合、交通规划、建筑设计、历史文化传承等多个领域，只有统筹兼顾各个环节，才能保障民俗文化与文旅项目的可持续发展。在众多影响因素中，政府引导与人才扶持起到关键作用，是推动文旅融合行稳致远的核心力量。因此，政府需强化在政策引导、资源调配等方面的主导作用，并加大人才培养与引进力

度，为文旅融合发展保驾护航，确保其朝着健康、有序、和谐的方向前进，最终实现文旅产业高质量发展的目标。

首先，政府应当坚持在文旅产业和项目中发挥主导作用，不断完善相关法律法规，并结合现行政策，继续保持改革创新的态度。在此过程中，应当格外加强对民俗文化的保护。政府应履行监管职责，保证人类文化遗产在随着经济和社会的发展和变化中依然焕发新生。

其次，为了促进民俗文化和文化旅游更好地融合，除培养相关的人才队伍、专业的文旅人才之外，还要注重民俗文化人才的培养。地方政府应该发挥主导作用，在地方寻找具有潜力的民俗文化表演艺人，让他们与传承人进行交流与学习，通过专业培训，打造专业的人才队伍。在此基础上，多方进行研讨，使得传统文化艺术的表演方式焕发新的生机。比如，音乐上可以融入现代流行歌曲，表演服饰上可以按照大众审美进行创新与设计。

（二）借助信息技术优势

在文旅融合背景下，民俗文化建设项目旨在发掘、保存和发展中华优秀传统文化，但也要注意保留其精华，去其糟粕。因此，在建设和开发过程中，应该重视科技化和专业性，反映传统与现代，使民族的文化与科技相融合。重视利用信息化技术手段来开展民俗文化服务项目：一、通过大数据分析，收集各类有竞争力的项目信息，评估自己服务项目的优势和不足，剖析旅游市场的需要和发展趋势；二、建立基于民俗文化旅游服务项目的技术平台，构建线上线下融合的旅游空间，展现文旅服务项目的独特魅力，吸纳更多旅游者；三、可以在文旅平台打造民俗文化专区，对我国民俗文化进行保存、记录与传播，还可以打造专项纪录片，向大众展示我国优秀的民俗文化，并通过社交平台发布，为年轻人构建与传统文化沟通的桥梁。比如，将非遗传统戏剧剧目与电影、影视剧等结合，既能响应当代人的文化娱乐需求，还能拉近非物质文化遗产与观众的距离，进而提高认同度。

（三）深挖地域民俗文化内涵

文旅项目的魅力在于其独特的民俗文化内涵，因此在项目的设计和发展过程中，应该不断挖掘民俗文化的精髓，提高文化内涵的多元性。一方面，要增加民俗文化的其他物质形式，比如民俗食品、民俗服饰、民俗工具等，将传统文化与实物结合起来。例如，让游客参与到现代民俗织物的制作和染色过程中，使他们体验到民俗文化的魅力。另一方面，要重视整合民俗文化，将分散的、容易被忽略的民俗文化细节融入景区，以提高地区民俗文化的整体影响力，让景区的每一个符号都蕴含着深厚的历史文化内涵，比如景区标识、服装设计等。

（四）丰富和提升旅游产品层次和形式

民俗文化不但能够展示当地的风土人情，还能通过结合民俗性、原生态性、互动性、体验性、新奇性吸引更多的游客，增强当地民俗文化的宣传效果。比如，在少数民族舞蹈表演中，我们可以利用戏剧效果，随时召集游客参加到表演活动中，以增强他们的参与感和互动感。

伴随民俗文化与文化旅游融合的兴起，我国已形成在文化旅游产业政策发展背景下从探索地域文化向经济效益开发的有效转变，政府职能部门积极引导和监督，及时提供一些成功的发展经验，进一步深入研判，不断推动区域经济发展，促进全社会、各企业资源的有效整合，以期达到科技化、专业化、特色化的文化资源挖掘和开发。丰富的旅游产品项目设计，才能促进以民俗文化为核心的多元化文化旅游产业的蓬勃迅猛发展。

参考文献

[1] 陈黎. 文旅融合背景下民俗文化旅游研究 [J]. 文物鉴定与鉴赏，2021(14).

[2] 马斌斌，陈兴鹏，马凯凯，等. 中国乡村旅游重点村空间分布、类型结构及影响因素 [J]. 经济地理，2020，40(7).

[3] 刘丽山. 文化和旅游"真融合""深融合"之思 [J]. 人文天下，2020(9).

[4] 王启菲. 文旅融合视角下少数民族村寨民俗文化旅游可持续发展研究 [D]. 海口：海南大学，2020.

"一带一路"语境下的文化旅游新业态

2013年9月7日,习近平主席在哈萨克斯坦纳扎尔巴耶夫大学发表了《弘扬人民友谊 共创美好未来》的重要演讲,倡议用创新的合作模式,共同建设"丝绸之路经济带"。尔后,习近平主席等国家领导人先后出访20多个国家,深入阐释"一带一路"的深刻内涵和积极意义,就共建"一带一路"达成广泛共识。在国际上,"一带一路"引起了广泛的关注和热烈的讨论,在国内,它已成为各个领域的高频词汇,受到了高度重视和大力支持。

一、"一带一路"语境下的文化旅游

两千多年前,张骞出使西域开辟的陆上丝绸之路,唐代中期以前作为中外交流主通道,推动了中国与欧亚大陆间的经济文化往来。其后,随着航海技术进步与经济重心南移,以"广州通海夷道"为雏形的海上丝绸之路逐步发展,形成以中国东南沿海为起点,连接东南亚、印度洋沿岸及东非、波斯湾地区的跨洋商贸通道。两条古代丝绸之路作为中外交流的重要载体,不仅实现了丝绸、瓷器、毛皮、玉石等物资的跨区域流通,更促进了语言、风俗、宗教、艺术等领域的深度文化交流,在中外文明互鉴史上具有里程碑意义,为当代"一带一路"建设积累了深厚的历史文化底蕴。

"一带一路"倡议以古丝绸之路历史纽带为依托,秉持"亲、诚、惠、容"外交理念,致力于通过人文交流深化区域合作,构建贯通东南亚、东北亚并延伸至欧洲的互联互通发展格局。这一倡议赋予古丝绸之路新的时代内涵，为文化旅游发展带来历史性机遇。

当前，古代丝绸之路的历史积淀正转化为文化旅游发展的核心资源。各地依托陆上与海上丝路历史遗迹、文化遗产及多元民俗风情，积极开发跨境旅游路线、共建文化交流平台。

"丝绸之路"和"一带一路"沿线国家为核心旅游主题，积极开展丰富多样的旅游活动，是激活国内国际旅游市场的有效路径。例如，推出"丝路觅源之旅"系列活动，串联起丝绸之路上的历史文化遗迹与特色风情；举办"牵手中亚—丝路旅游季"，促进中国与中亚国家间的旅游交流与合作；打造"大连—俄罗斯旅游节"，充分发挥地缘优势，深化区域旅游往来。这些主题鲜明的旅游活动，以独特的文化魅力和丰富的旅游体验，吸引国内外游客，有效带动国内国际旅游市场的繁荣发展。

未来，随着"一带一路"建设的持续推进，文化旅游将在传承历史文脉、增进文明互鉴、服务构建人类命运共同体中发挥更加重要的作用，成为推动沿线国家共同发展的重要动力。

二、"一带一路"是文化旅游的新机遇

（一）"一带一路"为文化旅游提供发展环境

2014年11月8日，习近平主席在"加强互联互通伙伴关系会"东道主伙伴对话会上指出："应该发展丝绸之路特色旅游，让旅游合作和互联互通建设相互促进。"这为"一带一路"倡议下的旅游业提供了新的发展空间与机遇。"一带一路"是一个巨大的、包容和开放的平台，它秉持和平合作、开放包容、互学互鉴、互利共赢的理念，全方位推进务实合作，打造政治互信、经济融合、文化包容的利益共同体、责任共同体和命运共同体，使得国际经济联系更加紧密，政治互信更加深入，人文交流更加广

泛深入。不同文明互鉴共荣，各国人民相知相交、和平友好。在这样开放互容的大环境下，旅游业必将迎来前所未有的发展机遇。

随着"一带一路"倡议的提出和不断推进，相关政策支持、经济投入也将不断提升和倾斜。"一带一路"下的旅游业带有浓郁的文化地域特色，它是以人文景观和自然景观为依托，以文化交流为纽带的国际旅游新合作。另外，基础设施建设是"一带一路"的优先和重点之一，打通缺失路段，配套完善道路安全防护设施和交通管理设施设备，提升道路通达水平。基础设施和互联互通的完善能大幅提升旅游的可到达性。

《推动共建丝绸之路经济带和21世纪海上丝绸之路的愿景与行动》中明确提出："加强旅游合作，扩大旅游规模，互办旅游推广周、宣传月等活动，联合打造具有丝绸之路特色的国际精品旅游路线和旅游产品，提高沿线各国游客签证便利化水平。推动21世纪海上丝绸之路邮轮旅游合作。"要"推进西藏与尼泊尔等国家边境贸易和旅游文化合作"，要"加大海南国际旅游岛开发开放力度"。这无疑是大力发展旅游业的利好政策。一系列合作备忘录将在"一带一路"倡议下签署，包括签证便利化措施，简化人员往来的签证手续，这些举措将极大促进"一带一路"沿线各国和地区间的往来，为入境游与出境游提供更加便利的条件。

（二）推动多种旅游项目的开展与创新

习近平主席在"加强互联互通伙伴关系会"上指出应该发展丝绸之路特色旅游，这为文化旅游提供了新的发展方向。"一带一路"本身就是一个国际性的文化遗产，在"一带一路"倡议的指引下，首先发展沿线国家的旅游项目是符合政策导向和市场规律的。以文化为依托，融合创意，打造主题突出、特色鲜明的国际旅游合作新模式，必将打开一条世界文明共通与文化互鉴的可持续发展道路。

为共建"丝绸之路经济带"和"21世纪海上丝绸之路"的构想，搭建旅游合作平台，国家旅游局将2015年确定为"美丽中国——2015丝绸之路旅游年"。这也是落实国务院《关于促进旅游业改革发展的若干意见》的重要举措。国务院明确提出："围绕丝绸之路经济带和21世纪海上丝绸之路建设，在东盟—湄公河流域开发合作、大湄公河次区域经济合作、中亚区域经济合作、图们江地区开发合作以及孟中印缅经济走廊、中巴经济走廊等区域次区域合作机制框架下，采取有利于边境旅游的出入境政策，推动中国同东南亚、南亚、中亚、东北亚、中东欧的区域旅游合作。"

2016年，国家旅游的主题仍延续"丝绸之路旅游年"。同年6月20日，以"畅游绚丽甘肃，发展丝路旅游"为主题的第六届敦煌行·丝绸之路国际旅游节在甘肃省兰州市举办。国家旅游局数据中心发布的统计数据显示，2016年上半年，入境旅游人数6787万人次，比上年同期增长3.8%。入境过夜旅游人数2887万人次，同比增长4.3%。国际旅游收入570亿美元，比上年同期增长5.3%。中国公民出境旅游人数5903万人次，比上年同期增长4.3%。这些数据表明"丝路旅游年"国际合作空间大有可为。

三、挖掘新动力，提升文化旅游品质

（一）打造"一带一路"特色旅游路线

一位曾在南京师范大学留学的塔吉克斯坦姑娘玛蒂娜·穆西纳认为，赴丝绸之路经济带沿线的国家旅游，与一般的出境游不同，它更像是寻找丝路记忆的旅程，因为在这条路上留下了数不清的丝路故事和文化碰撞。

绵延千年的丝绸之路就像一条大动脉，贯通了东方与西方，加强了彼此之间的联系，给今天的我们留下了极为丰富的精神财富和人文遗产。这些历史积淀将丝绸之路造就成一条极具特色的人文旅游道路，沿线上的每

一个国家都如同一颗珍珠，散发着自己独特的魅力。与丝绸之路历史文化相关的景观是极具发展空间的旅游资源，是不容忽视的重要资源。

随着生活水平的不断提高，人们更注重精神层面的追求，对旅游的要求也从基础的走马观花上升到注重自身的体验及心理感受的高度。"一带一路"沿线旅游正是以文化为依托，自然资源与人文资源有机结合，这必将成为旅游业新的经济增长点。

"一带一路"中的"一路"即"21世纪海上丝绸之路"。该路线的提出将旅游业的领域从陆路延展到海路，使一直不温不火的邮轮旅游逐渐成为新的焦点。

某旅游网数据显示，上海、北京、南京、杭州、天津等大城市的邮轮出游热情高涨。"银发族"（通常指50岁及以上人群）是邮轮出游主力军的同时，邮轮亲子游也越来越流行。中国交通运输协会邮轮游艇分会发布的《2015中国产业邮轮发展报告》显示：2015年中国有10个港口接待过邮轮，包括大连、天津、青岛、烟台、上海、舟山、厦门、广州、海口、三亚，共接待邮轮629艘次，同比增长35%；邮轮旅客出入境248万人次，同比增长44%。乘坐母港邮轮出入境的中国游客222万人次，同比增长50%；乘坐邮轮访问中国的境外游客26万人次，同比增长4.7%。邮轮成为中国出境游增速最快的领域。在"一带一路"背景下，邮轮游成为"21世纪海上丝绸之路"旅游发展的亮点。中国与"一带一路"沿线国家的旅游合作日益深入，而邮轮旅游将是共建21世纪海上丝绸之路旅游的新领域。

（二）文化品牌与活动带动旅游升温

打造具有文化标志性和区域影响力及世界影响力的文化节日及活动，形成规模化、品质化的展示平台，围绕"一带一路"，吸纳沿线国家和城市的文化精髓，拓展国际文化交流，推进文化旅游的不断发展。通过文化节庆的平台，打造城市品牌，提升城市影响力，推动文化旅游业的发展。在国内比较知名且影响力广泛的节庆日有黑龙江哈尔滨的"国际冰雪节"、辽宁大连的"服博会"、山东青岛的"国际啤酒节"、山东潍坊的"国际风筝节"、山东曲阜的"国际孔子文化节"、河南洛阳的"国际牡丹节"、安徽黄山和江苏苏州的"国际旅游节"等。

创造具有影响力的节日活动是发展文化旅游产业的重要资源与途径。节庆活动影响力的提升将为文化旅游搭载更大的平台，吸引更多的人群涌入。近年来，各式各样的文化节日层出不穷，提升节庆活动的内涵与创新节庆活动的形式成为发展节庆旅游的关键所在。把节庆活动建设放在文化自身的建设当中，抓住其中的本质，创办适合本国、本地区的节庆活动。准确把握地域特色，通过多样的形式强化优势，创建主题鲜明、立意新颖的节庆品牌。

除了文化节日的构建外，还可以通过打造以展览产业为主、国际性会议为辅，融合文化展演与城市旅游的综合性展会，进而促进旅游业的发展。在"一带一路"建设大背景下，依托当地的文化底蕴和独特的旅游资源大力推进旅游业与展会业的联动发展，打造高端领域的国际会议，提高国际关注度和参与性，从而带动旅游业的不断发展与提高。

（三）旅游"硬件"与"软件"的提升

在"一带一路"倡议下，基础设施建设优先为旅游业的发展带来非常便利的条件。"一带一路"沿线国家大部分存在基础设施滞后的状况，"一带一路"倡议将促进沿线国家交通的建设，构成丝绸之路枢纽体系。联合国开发计划署与中国和中亚四国政府联合发起"丝绸之路复兴计划"，为了实现该计划，我国已陆续投入数百亿美元，持续改善欧亚大陆通道的公路、铁路、港口、通关等软硬件。这为丝绸之路沿线交通无缝对接，构建区域一体化、便利化打下了坚实的基础。旅游资源将进一步得到整合,飞机、高铁、旅游租车、步行道的交通网络的构建为中国旅游业打通了一条通向世界的道路。

设施是硬件,人才是软件。旅游业也不例外,文化旅游对从业人员文化素养的要求更高。"一带一路"倡议下,如何培养适应国际标准的高素质人才对打造良性的旅游产业和展现国家文明程度有着极为重要的意义。因此,旅游人才队伍的培养应该从两方面入手:一是强化职业道德建设,培养具有较高道德情操的从业者。应该从根本的个人道德修养入手,强制要求从业人员进行定期的文化及道德方面的学习,从中华民族的优秀传统文化及思想入手,在不断学习的过程中逐渐形成继承和发扬优良道德传统的习惯,使其形成一种自觉性,进而实现提高从业素质的目标。二是加强旅游从业人员的专业学习。"一带一路"势必推动旅游业的国际化,我们应当提高旅游人才的相关专业知识的技能,加强涉外语言的学习,包括小语种的学习,以适应"一带一路"带来的新旅游业态。建设高端的集教学与实践为一体的旅游培训基地,加强旅游学科建设,增加海外留学交换生的学习机会,促进旅游教育的国际合作,培养高层次高素养的旅游人才。

四、关于大连旅游发展的思考

(一)结合"一带一路"打造适合本地的旅游路线

2015年,国家发展改革委、外交部、商务部联合发布的《推动共建丝绸之路经济带和21世纪海上丝绸之路的愿景与行动》中提到,海上丝绸之路关键节点的15个港口,大连位列其中,并重点提及加强上海、天津、宁波-舟山、广州、青岛、大连等沿海城市港口的建设,使这些港口成为"一带一路"特别是"21世纪海上丝绸之路"建设的排头兵和主力军,并建设通畅安全高效的运输大通道。

良好的口岸优势为大连在"一带一路"建设中带来更多的发展机遇,也为大连旅游业的建设开拓出更大更广泛的提升空间。丝绸之路沿线游已经成为旅游业发展的新热点,大连作为"海上丝绸之路"的关键节点之一,具备发展丝绸之路旅游路线的条件。可以尝试以"丝绸之路"以及"一带一路"沿线国家作为旅游的主题开展一系列的旅游活动。

(二)以文化促旅游,创建更高质量的旅游产品

随着国民素质逐步提高,简单的、走马观花式的旅游形式已经不能满足大众的需求,与文化相融合的旅游产品逐渐受到更多的青睐。大连一直不缺乏这样的文化元素。大连优良的港湾和天然的海滨浴场为大连的海洋文化奠定了坚实基础。在中国近代史上,大连有着不同寻常的经历,这使大连的历史文化具有了不同的地位和意义。大连的啤酒节已经成为区域的旅游文化符号。"一带一路"的行动规划中有诸多有利于文化和旅游业发展的内容,大连旅游应借势发展文化,带动旅游,不断创造出更多更优质的文化品牌。如打造优秀的艺术节,以吸引全国乃至全世界的游客,创建更具有区域及国际影响力的展会、论坛。

(三)借助"一带一路"加强宣传,加大开放力度,提高知名度

"一带一路"贯穿亚欧非大陆,一头是活跃的东亚经济圈,一头是发达的欧洲经济圈,中间广大腹地国家的经济有着巨大潜力。大连旅游业应该抓住这样的发展机遇,在沿线国家进行大力宣传。如制作精美全面的宣传短片或海报,在机场或各国重要城市设置宣传栏或广告牌;与沿线国家主流媒体建立合作关系,通过媒体开展进一步的城市推介宣传;组织采访宣传,如邀请各国媒体人以旅游节目的方式到大连来录制节目,达到宣传大连的目的；将讲述大连历史文化的影视剧推广到沿线国家，体现大连特色，讲好大连故事，助力大连国际化。

（四）提高旅游设施和配套建设，助力旅游业发展

基础设施建设是"一带一路"建设的重要保障，是"一带一路"倡议的优先领域和重点。加强基础设施建设为发展旅游业带来了更便利的条件，将成为"一带一路"背景下提高和完善旅游服务的总体趋势。

大连的旅游空间格局的构建和完善也应遵循这一趋势。构建更为便利和快捷的交通网络，开通更多直达线路，交通费用方面经常推出各种优惠政策，便于走出去和走进来。吸引更多大型项目投资，如建设大型旅游度假村、酒店等基础设施，丰富旅游资源。大连作为海滨城市，适合发展度假游。相关公共设施的建设工作也不容忽视，推动"一部手机游大连"平台迭代升级，整合门票预订、智能导览、实时客流监测、景区 VR 预览等功能，实现旅游服务"数字化触达"。支持重点景区引入人脸识别、智能泊车、无感支付等技术，打造"无接触式"旅游体验场景。升级多维度语言服务，在机场、地铁、景区部署 AI 智能翻译设备，支持英、日、韩等 10 余种语言实时互译，开发《大连旅游多语种服务手册》及双语导览小程序。设立 24 小时多语言服务热线，提供交通、住宿、医疗等实时咨询，让国际游客"无障碍"感受大连魅力。建立全流程服务监管体系，成立"旅游服务质量联合监管小组"，设立 24 小时旅游投诉热线，实现"线上投诉 1 小时响应、一般问题 24 小时解决、复杂问题 3 个工作日反馈"，投诉处理满意度纳入企业星级评定和政府补贴考核。

在"一带一路"倡议持续推进的时代浪潮中，文化旅游新业态已成为促进文明互鉴、推动区域协同发展的重要引擎。"一带一路"文化旅游不仅为沿线国家创造经济价值，更将通过"以文载道、以旅传情"的方式，打造出全球文化旅游新业态,让古老丝路在新时代绽放出更加璀璨的文明之光。

参考文献

[1] 国家发改委,外交部,商务部.推动共建丝绸之路经济带和 21 世纪海上丝绸之路的愿景与行动.北京:人民出版社,2015.

[2] 杨善民."一带一路"环球行动报告(2017).北京:社会科学文献出版社,2017.

[3] 张小燕.现代城市公共设施中的人性化设计研究[M].济南:山东轻工业学院出版社,2009.

[4] 王恒,李悦铮.大连市旅游景区空间结构分析与优化[J].地域研究与开发,2010,29(1).

[5] 石培华,龙江智,郑斌.旅游规划设计的内涵与核心理论研究[J].地域研究与开发,2012,31(1).

黔地纪行：贵州旅游深度考察与优势资源的文旅变奏

贵州有一个非常美丽的称号，叫作"多彩贵州"。为什么称之为"多彩"，因其雄奇壮美的自然资源和绚丽多姿的多民族文化，吸引了无数的游客慕名而来。

来到贵州，不需多时你就会听人说这样一句话："天无三日晴，地无三尺平，人无三分银。"这句话概括了贵州的三个特点。"天无三日晴"说的是贵州的天气。这里的天气由于受到地形和地理位置的影响，常年雨多晴少，所以贵州连续三天都是晴天的情况很少。"地无三尺平"说的是贵州崎岖的地形地貌。这里地处云贵高原，丰富的流水溶蚀作用形成崎岖的喀斯特地貌，崎岖层叠的山峰随处可见。"人无三分银"从字面便可知，说的是贵州的贫穷。在过去，因交通不发达、信息闭塞导致了贵州"人无三分银"的经济状况。然而，今非昔比，贵州的大街上有鳞次栉比的商铺、穿着华丽的行人，让人丝毫感觉不到这个美丽的地方会与"贫穷"有任何的联系。原生态的环境、传统的民俗以及合理的开发使贵州的旅游经济逐年增长。

贵州，这片充满神奇魅力的西南热土，以独特的自然景观与浓郁的民族风情，在旅游发展的道路上绽放出耀眼光芒。从雄奇壮美的黄果树瀑布到古朴神秘的千户苗寨，从层峦叠嶂的喀斯特地貌到底蕴深厚的非遗文化，贵州通过创新的全域旅游模式，将自然与人文资源深度融合，打造出极具吸引力的旅游品牌。此次贵州之行，不仅是一场视觉与心灵的盛宴，更让我深刻感受到其旅游发展经验对大连的重要启示。大连如何借鉴贵州经验，实现旅游产业的转型升级，值得深入探讨与思考。

一、以黄果树瀑布景区为代表的生态文化

贵州的自然资源十分丰富，山川秀丽，地貌奇特，构成其独特的旅游资源基础。贵州的山层峦叠嶂、岩奇石秀；贵州的水壮观丰沛、灵秀舒爽；贵州的林茂密幽深、千姿百态；贵州的洞鬼斧神工、形态各异。山、水、林、洞交相辉映、浑然一体，令人惊叹于大自然的鬼斧神工。

来到贵州，首先一定要去的便是黄果树瀑布。黄果树景区是贵州最知名的景点，很多人为了一睹其磅礴的气势而踏上贵州这片土地。我们从贵阳驱车 2 个多小时来到黄果树景区。黄果树景区面积非常大，主要包括三个部分：天星桥景区、黄果树大瀑布和陡坡塘景区。

黄果树景区名字的由来与一种叫黄果树的植物有关。在安顺市黄果树镇当地，有一种果树，到 10 月底的时候果子彻底成熟，大约在 9 月中旬之后逐渐成形。成熟之后的果子完全是金黄色的，大小如橙子，当地人称它为"黄果"，而结这种果子的树就被叫作黄果树。根据贵州省某州志的记载，此地有多种黄果树，因此这里叫作黄果树村，后来又改称为黄果树镇，这个小镇里的景区便被叫作黄果树景区。

黄果树瀑布以前叫白水河瀑布。白水河是黄果树瀑布的母亲河，它位于黄果树瀑布的上游，蜿蜒曲折的河水在黄果树村上游形成开阔的河道，孕育出如今的黄果树大瀑布。这条河因为河水清澈，跌落的水呈白色，因而叫作白水河。白水河发源于六盘水的六枝特区，其河流上有众多的瀑布，在这些瀑布中，黄果树瀑布闻名遐迩，白水河也因此被世人渐渐知晓。

黄果树景区的三个部分分别位于白水河的上中下部，其中陡坡塘景区

位于上部，黄果树大瀑布在中间，而天星桥景区位于下部。黄果树景区一年四季都可以游览，因为这里的水全年都不会断流。

黄果树景区面积很大，想要细细品味，漫步其中至少需要一天的时间。一天下来，计步器上显示几万步也无须感到惊讶。黄果树瀑布距离景区大门有1500米左右的距离，这1500米的距离不是平坦的大马路，而是蜿蜒崎岖的山路，虽已被修葺成楼梯，但是仍然需要费些工夫和体力。

徒步至大瀑布，沿途首先会经过盆景园。盆景园中间是一条由方石铺成的步行道，道两边有各色盆景和植物。紫薇、银杏、榕树、杜鹃等盆景在这里争奇斗艳。虽然此园是人工打造，但也极具欣赏价值。另外，园内还立有徐霞客的雕像，以纪念第一位详细描绘黄果树瀑布的文人。

穿过盆景园，逐级而下，沿途景色秀美，空气中充满了水汽，一眼望去，满眼绿意，鲜翠欲滴。沿着下山的步行梯继续行走，便会隐隐地听到哗哗的水声，循声而去，即可见到黄果树瀑布的真容。步行梯有一段是沿着山体盘行，而这里正是可以直面黄果树瀑布全貌的地方。居高临下，俯瞰整个黄果树瀑布，飞瀑倾泻而下，气吞山河，如万马奔腾，壮观的景象令人惊叹不已。据记载，黄果树瀑布宽101米，高77.8米，是全国第一大瀑布，在世界上也难得一见。

若途经此处时正遇晴天，空气中的水汽将折射出美丽的彩虹，高高地悬挂在瀑布中间，好似一道光环，给黄果树瀑布带来丝丝仙气。仿佛有一位仙人踏着这七彩之桥来到人间，将此处点化成完美的人间仙境。

在半山饱览了瀑布的壮观景象后，继续向下行走，不远处有一个山洞，横穿瀑布。山洞的里面便是瀑布的正后方。山洞的岩壁上有几个洞窗，站在洞窗边上，一不小心就会被倾泻而下的瀑布溅湿衣服。伸出手，你便可以和黄果树瀑布亲密接触。凉凉的水珠从指间滑落，令人心生愉悦。这个山洞的中间立了一个石碑，上书"水帘洞"。此水帘洞正是1986版电视连续剧《西游记》的取景地。《西游记》作者笔中的"花果山水帘洞"原在江苏省连云港市，后来在拍摄《西游记》的时候，由于种种原因，将取景地选在了贵州省安顺市的黄果树瀑布。由于此部电视剧，这个洞口就被命名为"水帘洞"，这里也因此而名声大噪，吸引了无数的游客到此地一睹真容。

如果说黄果树瀑布的特点是气势磅礴，那么天星桥给人的感觉则是玲珑秀美。天星桥景区位于黄果树大瀑布下游，这里峰峦叠翠，植被奇特，小瀑布随处可见，是山、石、水、树的美妙结合。这里的美景如天上的繁星一样多，一样耀眼。天星桥也因此而得名。进入景区，没走多远就是一个小瀑布，流水喷出的形状好似一个马尾，因此将其称为"马尾瀑布"。顺着马尾瀑布旁边的栈道往前走，脚下就会出现一串散落于水中的石头，每走一步都会踩到一块这样的石头。这些石头一共有365块，代表着365天，每一块石头上都写着日期，并且刻有在同一天出生的名人。一步步地走下去，每一个来到这里的人都会找到属于自己的"生日石"。站立在独属于自己的生日石上，环顾四周，细细品味，便会顿悟人生处处皆好景。此处故而得名"数生步"。每位游客来到这里都会乐此不疲地参与到这个活动当中，大家都在低着头寻找属于自己的生日石，并好奇地探究到底是哪一位名人和自己是同一天出生的。天星桥景区里的奇思妙想之处比比皆是。如"美女榕"，其实是一棵长得很像妙龄少女、有手有脚、身体圆润的榕树。"一线天"是一个天然的岩石夹缝，夹缝处细得像一条线。"侧身岩"是在两块巨大的石头中间有一条很窄的路，能正着身子从这里轻松地通过就可以骄傲地承认自己是"魔鬼身材"，如果只能侧着身子通过或者是侧着身子也无法通过，这样的人只好回去加油减肥喽。

天星桥还有一处值得一提的景观，也与《西游记》有关，那就是"高老庄"。熟悉《西游记》的人都知道，高老庄是猪八戒下凡化成人形后暂时居住的地方。猪八戒强占高老庄庄主的女儿，并引出一桩著名的闹剧"猪八戒背媳妇"。有的人说天星桥的高老庄就是当年《西游记》的取景地，也有的人说不是，众说纷纭。一座水榭楼台临水而倚，平湖山影，青青雾霭，真是人间美景，令人惬意忘俗。不管它到底是不是《西游记》的取景地，都让人流连忘返。

黄果树景区的最后一个部分"陡坡塘"与前两个部分相比，表面上似乎略显简单。但这里却是黄果树瀑布群中最宽的一个瀑布。整个瀑布形成在钙华滩坝上，宽度达到105米，高度21米。陡坡塘瀑布的顶端有一个面积巨大的溶潭，《西游记》片尾曲中师徒四人在夕阳下行走在瀑布上的场景就是在这里拍摄的。

二、西江千户苗寨与少数民族文化

贵州的少数民族文化是这里最亮眼的特色，"多彩贵州"这句火遍大江南北的广告语中包含的"多彩"有很大一部分是由多民族文化体现出来的。贵州的少数民族文化历史悠久，源远流长，各民族文化在这里交相辉映，形成独特的民族风情，成为绚丽的瑰宝。苗族、布依族、侗族、土家族、彝族、仡佬族、水族、白族、回族、壮族、畲族、瑶族、毛南族、仫佬族、羌族等18个民族聚居于此。这些独特的文化使得贵州成为中国一颗璀璨的明星，它们将贵州从大山深处带出来，走向世界。

贵州人口最多的少数民族是苗族。苗族是一个古老的民族，中国、老挝、越南、泰国等东亚及东南亚国家是苗族的主要聚集区。在我国，苗族主要分布于西南地区的贵州（黔）、湖南（湘）、湖北（鄂）、四川（川）、云南（滇）等省份，其中以贵州省黔东南苗族侗族自治州的分布最为集中。这里的苗族人口占全国苗族总人口的四分之一左右，是苗族文化和民俗的集中体现。西江千户苗寨正是位于贵州省黔东南苗族侗族自治州的雷山县。这里是中国乃至世界最大的苗族聚居村寨。因为其自身的特殊性，这里自然成为贵州最知名的景点之一。

在来到这里之前，千户苗寨也是我希冀许久的地方。神秘又独特的民族色彩总是能勾起人们的无限遐想。这里如今已经是被修缮得很好的国家级景区，景区的大门口是一个圆形的广场，广场一侧仿制当地的特色建筑修建了一座大门，上面用金色的字写着"西江千户苗寨"。我随着人流走进这座大门，仿佛进入了另一个世界。环顾四周，这里的建筑全部是木质结构，依山而建，层层错落，依次延伸至山上。山下是河谷，古老的白水河从寨子中间川流而过。苗族老妈妈身着本民族的服饰，有的头上还戴着艳丽的花朵，有的身后竹篓里背着娃娃，悠然自得地走在弯曲的小路上。这里的世界仿佛与外面浮光掠影的嘈杂隔离开了，有的只是晴耕雨读、春种秋收的简单质朴，祥和而安静。这种安静能将人心中那隐藏已久的对生活最真挚的情感瞬间牵引出来。

苗寨的山下面是一条条复古的商业街，这里虽然充满了现代的商业气息，但是在街区上游走一番也可以偶遇到很多苗家特色。苗药、苗酒、蜡染，还有热闹的长桌宴随处可见。迎宾的敬酒歌此起彼伏，虽然听不懂唱的是什么，却能感受到苗族人的那份热情好客。商业街的中心是一个圆形的广场，这里被当地人称为"芦笙广场"。这里每天都有几场苗族特色歌曲表演。表演者都是当地的苗族人，他们穿着民族服装，围成一个大圆圈，一边转圈，一边舞蹈。旁边有几个吹奏芦笙的人，现场演奏着简单的音乐，节奏也并不繁复。中间舞者的舞步虽简单，却带有一种仪式感。离商业街不远的地方有几座廊桥，在这里被叫作"风雨桥"。风雨桥因行人过往可避风雨而得名。西江千户苗寨里的风雨桥建在白水河的河道上，将河的两岸连接起来。这些古桥不同于江南的"小桥流水人家"中的小桥，它们都是木质结构的，檐角高高翘起，结构精密，纵横交错。传统的廊桥不用一颗钉子，全部用卯榫衔接，有的廊桥还是多层结构，上部建有塔形建筑。在桥身上，经常会看到龙凤、葫芦、鹤鸟等吉祥的图案。桥的两面设置了栏杆和长凳，中间是长长的走廊。当地的居民经常在这里闲坐聊天，游客们则经常在这里驻足拍照，欣赏桥外的美景。每一座桥上，都刻有一个名字，每一个名字都有一个故事或是传说。

穿过风雨桥，往山坡上走就会看到满山的吊脚楼，这里是苗族人栖息的家园。苗寨里最令人震撼的就是这漫山遍野的吊脚楼。据说，这些建在山上的吊脚楼是根据村民的生活习性和生活特点而建造的。苗族人十分珍惜土地，为了减少对耕地的占用，他们大多把村寨建在山坡上。除此以外，将村寨建设在山上也更加利于防御，这对在历史上不断受到压迫和驱逐的苗族人来说尤为重要。于是我们现在看到的苗族建筑都是根据地形，由山脚顺着山脊向上修建的，迎合山体的形态。

房屋建筑在山体之上，因此防潮湿防虫蛇，获得舒适安全的居住体验变得尤为重要。苗族人利用他们的智慧，将他们的房屋建设成穿斗式的杆栏建筑。这种建筑的特点是架空房屋的下部，用木柱支撑屋体，抬高房屋。这样就可以避免不必要的麻烦，对于气候和环境都有较强的适应性。

穿过这些层层叠叠、高低起伏的吊脚楼，沿着山坡向上走，你可以与这些美丽的吊脚楼进行一场近距离接触。如果坐缆车上山，就会错过很多美景和体验。走在上山的路上，身边的吊脚楼近在咫尺，很多楼前都有一小块耕地，上面种着各式各样的蔬果。有的房屋前挂着一串串玉米，代表着祈求丰收的意思。邻家养的小鸡，在小路上踱着悠闲的步伐。身上挂着银饰的苗族姑娘叮叮当当地从身边走过。这里的一点一滴仿佛让时间静止了。

向上走，在半山稍高一些的位置有一个观景台，在这里可以俯瞰整个村寨。青黑色的屋顶将大山严实包裹，透过雾气远眺，整个村寨朦胧的轮廓时隐时现，仿佛人间仙境，给人留下无限的遐想和诗一般的意境。夜晚，这里又是另一番景象。华灯初上，月夜下满山星星点点的灯光错落有致，像闪烁的花火，将夜装点得璀璨夺目。观景台是游客最密集的地方，不论白天还是夜晚。游客们穿着苗族服装在这里拍照留念，将无法用言语形容的美景记录下来。

欣赏完美景，从山坡上下来，走进西江苗族博物馆。座座典型的苗族风格的建筑里完整地记录了苗族的历史、建筑、婚丧嫁娶等文化民俗。木制的纺车、祭祀的牛头、色彩绚丽的服饰令人体会到只有少数民族才会有的魅力。博物馆里面建设得略显简陋。仔细阅读介绍的文字，还是会有很多收获。博物馆里共有两层，每一层里设有几个展厅，用来介绍苗族的文化和习俗。

从博物馆出来，随处逛逛，在不远处阳光照到的一片区域，坐着一群苗族老奶奶，她们戴着眼镜，专心致志地低着头，盯着自己手里的东西。走近一看，原来她们是在布上绣着传统图案的苗花。黑黑的底色将花朵形的图案映衬得更加夺目。她们的手好像在布面上跳着舞蹈，左一下右一下，重复着同样的动作，灵巧又迅速。

如果有时间，在苗寨里住上一夜，既可以欣赏到这里的美景，还可以感受苗岭安静清新的早晨。苗岭的早晨雾气缭绕，与炊烟交织在一起，如梦如幻。从山上逐级而下，走到河谷的田间，青草、绿地、远山、晴空构成了一幅唯美的画卷，让人陶醉其中。路边小摊贩忽然的叫卖声将游客的思绪带回现实，摆在箩筐里售卖的当地水果和特色小吃正等待着某一个游客将它们放入嘴中，慢慢品味。抑或是在僻静的小路上，寻一家并不起眼的当地小店，吃一顿苗家正宗的早餐，为新的一天积蓄能量。在这里，眼睛所及的一切都是美丽和纯粹的。

三、随处可见的喀斯特地貌

从苗寨的纯美走出来，去欣赏贵州另外的一种美，那就是喀斯特地貌的俊美。贵州地处我国西南喀斯特地貌的中心，这里地质结构复杂，造就了其独特、多样、秀丽的喀斯特地貌景观。贵州的大部分自然景观的景点都有喀斯特地貌形态的存在。在喀斯特地貌中，溶洞景观是最明显也是最丰富的旅游资源。

龙宫是贵州溶洞景点中最为知名的一个，有着"天下喀斯特，尽在龙宫"的美誉。在这里你可以看到溶洞、峡谷、瀑布、峰林、绝壁、溪河、石林、暗河等多种喀斯特地貌，这里是体现喀斯特地貌最为集中的景区。

龙宫的正门建设得简单又不失华丽。如果你不是很了解龙宫，在进门的不远处有这里的简介。上面简要地叙述了龙宫的情况。其中有几项中国之最，甚至世界之最：这里拥有中国最长最美的溶洞；这里有中国最大洞中岩溶瀑布；这里有中国最大洞中佛堂（观音洞）；这里有国家原子能机构测定的世界天然辐射剂量最低的龙宫天池；这里是世界最大的水旱溶洞集群；这里有世界最大单体汉字"龙"字田。

走进龙宫的景区，栈道的两边立有枝繁叶茂的大树。沿着河道继续走去，便会与龙宫的主要景点"龙门飞瀑"不期而遇。这里就是中国最大的洞穴瀑布。瀑布从高空中的洞穴中喷涌而出，犹如一条洁白的银链从危崖绝壁上飞流直下。站在其下，一股股山风迎面吹来，急泻的瀑布溅起无数的水滴，宛如天女空中散花。

乘坐观光电梯缓缓而上，终点正对龙宫入口。进入龙宫需乘船穿过狭窄的水上洞穴入口，洞口崖壁镌刻着遒劲的"龙宫"二字。洞内河道蜿蜒，彩色灯光映照石钟乳、石笋、石幔等喀斯特景观，光影交织如临幻境。目前龙宫开放游览区域为"一进龙宫"与"二进龙宫"，其中一进龙宫全长840米，以"五厅"著称：群龙迎宾、浮雕壁画、五龙护宝、水晶宫殿、高峡幽谷五大洞厅各具特色；二进龙宫全长400米，洞内钟乳嶙峋，潭水深幽，船行其间可见岩壁如斧凿刀刻，配合光影特效营造出时空穿梭之感。

万峰林景区位于贵州省兴义市东南部，这里被誉为中国锥状喀斯特博物馆。峰林高低错落有致，重峦叠嶂，仿佛千军万马列阵待命。明代著名旅行家徐霞客曾到过此地，并赞叹"天下山峰何其多，惟有此处峰成林"。这里峰林形态各异，列阵峰林、宝剑峰林、群龙峰林、罗汉峰林、叠帽峰林，各具特色。这些峰林犹如波涛起伏，磅礴数千里。

万峰林景区可以乘坐区间车游览，中途会在景观点停靠一段时间，然后继续行进。一片绿油油的田地尽头竖立着一排排连绵起伏的柱状山峰，如破土而出的石笋，高峻挺拔，嶙峋嵯峨。山势虽不是很高，但是比肩接踵、蔚为壮观。高低错落的山峰和几何形状的田地给人们带来无限的想象。万峰林里的几个知名的景点，如"众星捧月""八卦田""六六大顺峰""将军峰"等都是园区的建设者们根据山峰还有田地组成的形状和形态起名得来的，令人不得不感叹大自然的鬼斧神工。

从观景台向下望去，田间的村庄如一幅水墨画卷，后面映衬着高低错落的峰林，令人感受到人与自然的和谐状态。万峰林景区每年3~5月是油菜花盛开的季节。此时，远处的青山与脚下金黄色的万亩良田交相辉映，更令人赏心悦目。

从山上驱车而下，进入万峰林山下的田间，这里又是另一番美妙的景象。车子行驶在田间的小路上，两边此起彼伏的山峰从眼前——掠过。这里地处黔西南布依族苗族自治州，村寨里蜿蜒曲折的小路引领这里的游客慢慢地领略当地古朴宁静的民族风情。相机的镜头无论对准哪里，都会拍出生机盎然的景象。

与万峰林遥相呼应的万峰湖因"万峰"环绕而得名，享有"万峰之湖，西南之最，南国风光，山水画卷"之美誉。万峰湖上碧波荡漾，沿岸峰林、石林交错林立，美不胜收。万峰湖不同于万峰林的地方在于，它是乘船在湖上欣赏重峦叠嶂的喀斯特峰林俊景。游客们坐在船上不仅可以欣赏到烟波浩渺、山水相映的秀丽美景，还可以品尝到湖中鱼儿的鲜甜肥美。

贵州之行中，舞阳河景区成为意外惊喜。原不在重点计划内的它，以高峡平湖、瀑泉飞流的水上喀斯特地貌惊艳众人，素有"小三峡"之称。曲折河道间，奇峰突兀、怪石嶙峋，"犀牛塘""孔雀峰"等景观栩栩如生，尤其是宛如孔雀开屏的双石峰，搭配石峰上树木形成的"羽毛"，令人过目难忘。

舞阳河的独特不仅在于自然风光，河畔桃花寨的人文故事同样引人入胜。这个曾近乎与世隔绝的渔村，至今仍保留着原始风貌。百余名村民中不乏百岁老人，渔村虽无学校、医院与商店，但村民会驾船将渔获制成美食，在景区售卖。河面上穿梭的渔船，既承载着村民的生计，也成为舞阳河灵动的人文风景。

四、镇远古镇，感悟历史文化的变迁

镇远古镇是贵州颇具历史文化底蕴的古镇，位于黔东南苗族侗族自治州，距今有2000多年的历史。整个古镇是沿着一条S形的河流建设而成的，从空中俯瞰，形状酷似太极图。河的北岸是旧府城，河的南岸是旧卫城。两个城池都是明代修建的。如今，有一些建筑是新建的，有一些建筑是修复的。只有部分古宅、城墙、城门、巷道、驿道和码头是留存下来的遗址遗迹。其中，1处被评为国家级重点文物保护单位，7处被评为省级重点文物保护单位。

在古老的街道上慢步行走，仿佛穿越到2000多年前熙熙攘攘的市井。古镇里曲径通幽，石桥城垣穿插其中。一眼望去，青砖黛瓦、飞檐翘角、雕梁画栋，仿佛一条艺术长廊，展现出古朴典雅的古镇风貌。脚下的石板路，记载着千年的历史，对每一位来到这里的游客诉说着古镇千年的沧桑。古镇里的古巷道错综复杂，纵横交叉，互相达通，石牌坊巷、仁寿巷、冲子巷、米码头巷、紫宝阁巷、陈家井巷等狭长幽深的巷子组成了古镇生生不息的血脉。

古镇的民居建筑是江南庭院风貌和山地建筑布局的完美结合，也使镇远民居成为中国建筑史上的独特存在。如果有时间，还可以逛逛夜晚的古镇，这里的夜色比白天更加美丽。江边的灯光犹如长龙一般照亮了整座城。静静的河水仿佛是一条记忆的长河，反射出了古镇的过往与今朝。沿河的客栈和店铺生意兴隆，时而喧闹时而舒缓的音乐给安静的小镇带来一丝活力。古镇的夜晚是古朴与现代相结合，光影之下的建筑与水中的倒影相互映衬，勾勒出一幅美轮美奂的古镇画卷。

镇远古镇中最有名的景点要算是位于城东中河山上的青龙洞古建筑群

了。它是贵州规模最大的古建筑群，始建于明朝初年，曾几度经历战乱和火灾。现如今，屹立在我们面前的这座建筑，经过多次修建，由中祝圣桥、中元禅院、紫阳书院、青龙洞、万寿宫、香炉岩六个部分构成。青龙洞的大门是常年关闭的，它只有在特定的时节才会打开。从斑驳的侧门进入，依次拾级向上走到建筑的最高点，可以观看到镇远古镇的全景。游览当天，天气有点阴雨，站在青龙洞的最高处，欣赏雨后云雾之中幽静的古镇，又是另一番滋味。

五、利用优势资源，打造适合本地的旅游休闲文化

1.挖掘自然资源、发展生态旅游

自然资源在旅游业中一直是非常受青睐的旅游资源，各个地方都有以自然资源为依托的著名的旅游景点。随着社会生存压力的增加，这种风景如画、缓解压力的自然风景区便更加受到大众的追捧。

并非所有的自然资源都是可以利用的资源，与那些随处可见的资源相比，稀缺的自然资源更加炙手可热。因此如何挖掘当地特有的自然资源，并将其建设成为高等级的旅游品牌成为当地旅游业的重中之重。

大连作为沿海城市，海洋资源是最有优势的自然资源。如何充分深度地挖掘这一独特的自然资源，一直是大连旅游的重中之重。除此之外，大连依山傍海，山林资源也相对丰富，具备打造生态自然资源景观的基础。加大加深自然资源的开发力度将会对大连旅游业的进一步发展起着至关重要的作用。

对自然资源进行开发和利用的同时，如何将其建设成可持续的生态旅游，成为旅游业需要面对的重大问题。一味地强调开发不讲究保护，这些如今能给人们带来美和享受的自然风光在不久以后将会遭到严重的污染。

这不仅影响旅游业的持续发展，更是对生态的不可逆的破坏。因此，自然资源景观的生态开发成为近些年来旅游业讨论的中心。生态旅游这一概念也应运而生，应该得到足够的重视和推广。

2. 深耕人文资源，提升旅游品位

"人文旅游资源是人类创造的，反映各时代、各民族政治、经济、文化和社会风俗民情状况，具有旅游功能的事物和因素。"这是百度百科对人文旅游资源的一个简要的概述。随着生活水平的日益提高和游客们文化水平和修养的逐渐提高，知识性文化性较强的人文景点的热度不断升温。人们在饱览了大山大河的美景的同时，也希望得到精神上的富足。对历史的追溯、对著名人物的崇拜、对文化艺术的欣赏，或是对不同民族差异的好奇等心理，促使旅游者们对人文旅游更加憧憬和向往。

着重开发集中反映人类历史和文明中遗留下来的精神和物质财富的人文资源对大连旅游业也是大有裨益的。因历史和地理上的特殊位置，大连成为近代以来重大历史事件的发生地，这造就了其独特的历史文化资源。大连旅顺有"中国近代史博物馆"之称，保留了大量珍贵的战争遗迹，具有极高的价值。另外，大连市区内还有很多欧式、俄式和日式的历史建筑，无论从历史价值还是艺术价值来说都是可圈可点的。充分整合并合理地规划和利用大连的人文资源将提高大连城市旅游的品位。

3. 夯实现有资源，加大推广力度

大连位于辽东半岛的最南端，地处黄渤海之滨，有丰富的自然资源与人文资源。大连的旅游业近年来发展迅速，逐步形成了独具特色的旅游发展格局。尤其是海滨资源，吸引了大量的国内外的游客。再加上，大连城市优美，环境整洁，提升了城市的整体形象。虽然大连各个方面的旅游资源已经得到了广泛的开发，但是在开发资源的深度和精度上稍显不足。

大连如要打造成优质的旅游城市，必须努力打造高质量的旅游产品，提高旅游服务的品质，并进行自然资源和人文资源等多资源的组合开发。比如，大连的海洋资源是最重要、最具备代表性的当地特色资源，目前已开发出的旅游产品如海滨浴场，海岛旅游等已经非常成熟。但是这些已经成熟的产品在深度和精度上还有很多可以提升的空间。海滩的环境、服务、卫生还有待提高，尤其是海岛游，居住条件和配套设施还需要进一步提升以满足游客们日益提升的精神需求和物质需求。通过系统整合现有优势资源，全面提升旅游基础设施建设水平与服务品质，将大连打造成为国际化五星级旅游城市，必将推动其旅游业实现跨越式发展，开启高质量发展的全新篇章。